초 1, 2학년을 위한
공부 체력 증진 프로젝트

우리 아이의 성장과 발육을 위해 어떤 영양제를 먹이시나요? 비타민, 칼슘, 마그네슘, 아연, 철분, 유산균까지 이것저것 챙겨서 먹여야 할 게 참 많더라고요. 간단하게 딱 한 알로 해결하면 좋을 거 같은데 말이죠. 그래서 여러 가지 성분이 함유된 종합 비타민 젤리 같은 게 나오나 봐요.

초 1, 2학년의 공부도 이와 비슷합니다. 할 게 참 많아요. 우선 한글을 떼야 읽고 쓸 수 있으니 한글 습득은 기본 중의 기본이고요. 국어, 수학 교과서에 나오는 개념도 알아야 하죠. 1에서 100까지 세면서 더하기 빼기도 할 수 있어야 합니다. 어휘력과 문장력이 뒷받침되어야 맞춤법 실력까지 자연스럽게 올라가고요. 연산뿐 아니라 문장으로 된 문제도 소화할 수 있어야 하죠. 여기에 문해력이 더해지면 독해력, 문제해결력, 추론 능력까지 필요합니다.

챙겨야 할 학습 영양제가 많지요? 그렇더라도 모두 학습에 기초가 되는 역량이라 초등학생이라면 꼭 해야 하는 공부임에는 틀림이 없습니다. 공부의 기초를 쌓는 데 주력하는 기적학습연구소는 이렇게 다양한 초등 학습 내용을 어떻게 하면 효과적으로 다룰 수 있을지 고민하다가 초 1, 2학년을 위한 종합 비타민 같은 교재가 있으면 좋겠다는 생각에 《꼭공》을 기획하게 되었습니다.

《꼭공_꼭 필요한 공부》는 유아기를 막 벗어난 초등 1, 2학년을 위해 특별히 고안된 책입니다. 이 시기의 아이들은 여러 개의 알약을 한 번에 삼키기 어렵지요. 그래서 학습의 기초 체력을 다질 수 있도록 꼭 필요한 10가지 학습 영역을 한 권에 모았습니다. 초등학생이 되어 시작하는 집공부인 만큼 너무 어렵지 않게, 알차게 공부할 수 있도록 한 쪽, 한 쪽 공을 들였어요. 그러다 보니 말랑말랑한 종합 비타민 젤리처럼 '오늘은 국어, 내일은 수학'을 번갈아 가며 맛볼 수 있는 특별한 학습서가 되었습니다.
소화하기 힘든 여러 권의 문제집을 사서 앞쪽만 풀고 마는 것보다 아주 경제적이고 효율적이지요!

꼭 필요한 공부, 꼭 해야 하는 공부라면 종합 비타민 같은 《꼭공》을 꼭꼭 씹어서 공부 영양소를 듬뿍 채웁시다.
《꼭공》을 경험한 친구들이 공부의 기초 체력을 탄탄히 다질 수 있기를 기대합니다.
이 책의 캐릭터 '꼭파'는 교과 핵심 개념을 파고들어요. '양파공'은 친구들의 공부 도우미랍니다.
꼭파와 양파공을 따라 《꼭공》의 세계로 빠져 보실까요?

꼭공 학습 설계 | 읽기···쓰기···셈하기

기초 학력 강화에 필요한 10가지 꼭공 능력

초 1, 2학년의 꼭공은 '읽기, 쓰기, 셈하기'를 중심으로 공부의 기초 체력을 키우는 것에 집중합니다.

읽기 | 한글부터 숫자, 교과서 낱말, 문장, 글 등을 읽을 수 있어야 공부의 기초 체력을 튼튼하게 다질 수 있어요. 단어의 의미를 파악하고, 문장 구조를 이해하며, 글의 전반적인 내용을 해석하는 것을 포함하지요.

쓰기 | 자기 생각이나 의견을 문자로 쓸 수 있어야 합니다. 문법, 철자, 문장 구성 등을 포함하여 바르게 쓰는 능력을 길러야 해요. 쓰기는 효과적으로 의사소통을 하는 데 매우 중요한 공부 체력입니다.

셈하기 | 수학적 개념을 이해하고 수치를 다루는 능력이 필요합니다. 연산(덧셈, 뺄셈, 곱셈, 나눗셈) 원리를 이해하고, 알고리즘에 따라 계산 결과를 이끌어 내는 수 조작 과정은 수학적 사고력의 시작입니다.
셈하기는 일상생활에서도 필수적이며, 더 복잡한 수학 개념을 배우는 기초가 됩니다.

꼭공은 초 1, 2학년들에게 다음과 같은 공부 루틴을 추천합니다.

꼭공 공부 루틴 | 학교에서는 매일 국어, 수학 교과서로 공부합니다. 하교 후 집에 와서는 꼭공으로 배운 내용을 한번 정리해 보는 겁니다. 많지 않아요. 오늘 배운 내용을 떠올리며 하루는 국어 2쪽, 다음 날은 수학 2쪽을 차근차근 풀어 보는 거죠. 짧으면 5분, 길어야 10분 내외로 자기만의 공부 습관을 만들 수 있어요.
가랑비에 옷 젖듯 공부 습관을 몸과 마음에 스며들게 하는 거죠. 그럼 어떤 것을 공부할까요?

**꼭공은 세 가지 기초 학력 '읽기, 쓰기, 셈하기'를 기반으로 하여
초등 국어, 수학 교과서에서 꼭 공부해야 할 10가지 영역을 뽑았습니다.**

우리는 이것을 초 1, 2학년이 꼭 공부해야 할 10가지 꼭공 능력이라고 불러요.

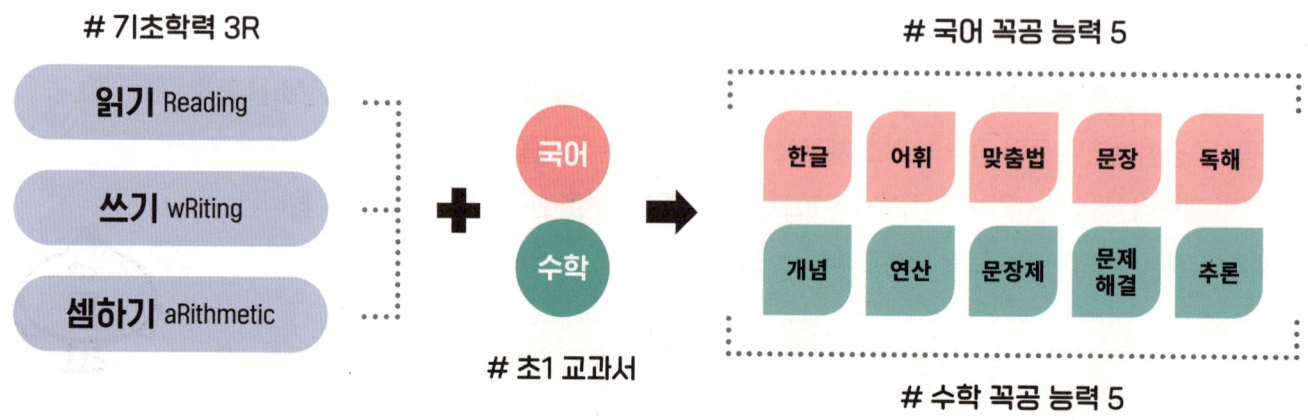

초 1, 2학년이 꼭 공부해야 할 10가지 꼭공 능력

국어

한글 | 한글 자모음에서부터 받침과 복잡한 모음, 쌍자음 등 한글의 구성과 글자의 짜임을 이해합니다. 한글 떼기는 아이의 언어 능력 발달을 위한 필수 단계이자 읽고 쓰는 활동의 밑바탕입니다.

어휘 | 교과서 어휘를 중심으로 수준별 낱말을 습득하고, 정확한 뜻과 쓰임새를 알아봅니다. 어휘의 폭이 넓어질수록 교과 내용을 제대로 이해해 공부 실력을 다지고 문해력을 키울 수 있습니다.

맞춤법 | 우리말과 글을 바르게 쓰기 위한 원칙과 방법을 파악하고 적용합니다. 맞춤법을 잘 알고 지키면 교과 학습 및 의사소통 등에서 잘못된 표현과 오해를 줄여 효과적인 언어생활을 할 수 있습니다.

문장 | 어휘가 모여 문장이 되고, 문장을 익히며 점차 더 긴 글을 읽는 힘을 기를 수 있습니다. 교과서에 나오는 문장 구조를 파악하고, 스스로 하나의 문장을 완성하면서 읽고 쓰기와 친숙해집니다.

독해 | 읽고 이해하는 독해 능력은 국어뿐 아니라 전 과목에서 요구되는 공부의 기초입니다. 내용을 읽고 이해함으로써 모르는 것을 습득하고, 나아가 문제 해결에까지 다다를 수 있습니다.

수학

개념 | 덧셈·뺄셈 원리와 방법, 수학 기호와 용어 등을 익힙니다. 수학은 개념이 점차 심화·확장되는 나선형 학습 설계를 가지므로 해당 학년의 개념을 완벽히 이해하는 것이 중요합니다.

연산 | 자연수의 덧셈과 뺄셈을 연습합니다. 연산은 필수적이며, 이 능력이 부족하면 문제 해결의 실마리를 찾아도 정답을 구할 수 없습니다. 따라서 실수 없이 정확하게 계산하는 연산 능력을 갖추는 것이 중요합니다.

문장제 | 문제를 읽고 문제 속에 숨겨진 연산을 찾아 식과 답을 쓰는 연습을 합니다. 생활 속 수학적 문제 상황을 글로 표현한 문장제를 해결하며 수학이 실생활에 도움을 주고, 문제 해결에 필수적인 학문임을 이해합니다.

문제해결 | 해결해야 할 문제를 정확하게 파악한 다음, 배운 내용을 이용하여 논리적으로 사고하며 문제를 해결합니다. 문제해결력은 수학뿐 아니라 다른 분야의 여러 문제를 해결하는 데 꼭 필요한 역량입니다.

추론 | 배운 내용을 바탕으로 자신이 세운 가설이나 해결 방법을 논리적으로 정당화하는 과정입니다. 낯선 수학 문제의 답을 추측하고, 그 이유를 생각해 보면서 수학적 사고력과 문제해결력을 키울 수 있습니다.

핑크는 국어, 민트는 수학과 관련 있어요. 이 10가지 꼭공 능력을 기르며 학습 기본기를 꽉 채워 봅시다.
꼭공으로 매일 가볍고 즐겁게 공부하면 다음 학년에 올라가서도 아주 수월하게 공부 체력을 키울 수 있고요.
어느새 의젓한 초등학생으로 성장할 겁니다.
오늘 학교 잘 다녀왔나요? 손 씻고, 간식도 먹고 잠깐 쉬었다가 꼭공을 만나 보세요.

기적학습연구소 일동

꼭공! 이렇게 활용해 보세요

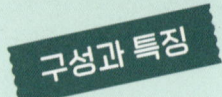

오늘 공부할 주제는?
초1 국어 교과서, 수학 교과서에서 기초 학력 3R
(읽기, 쓰기, 셈하기)을 중심으로 핵심 주제 70가지를 뽑았어요.

오늘은 국어, 내일은 수학 하루씩 번갈아 공부해요!

국어 2쪽, 수학 2쪽이 하루씩 번갈아 가며 나와요. 이 책 저 책 찾을 필요 없이 이 한 권만 쭈~욱 풀면 국어, 수학을 모두 공부할 수 있어요.

| 01 국어 | 02 수학 | 03 국어 | 04 수학 | 05 국어 |
| 06 수학 | 07 국어 | 08 수학 | 09 국어 | 10 수학 |

+

꼭공 복습 — 11 종합

국어, 수학을 번갈아 10번 공부하고 난 후, 잘 공부했는지 한꺼번에 확인해 보세요.

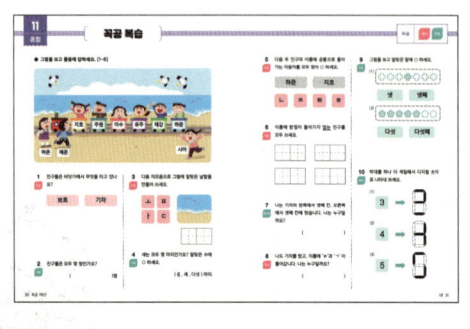

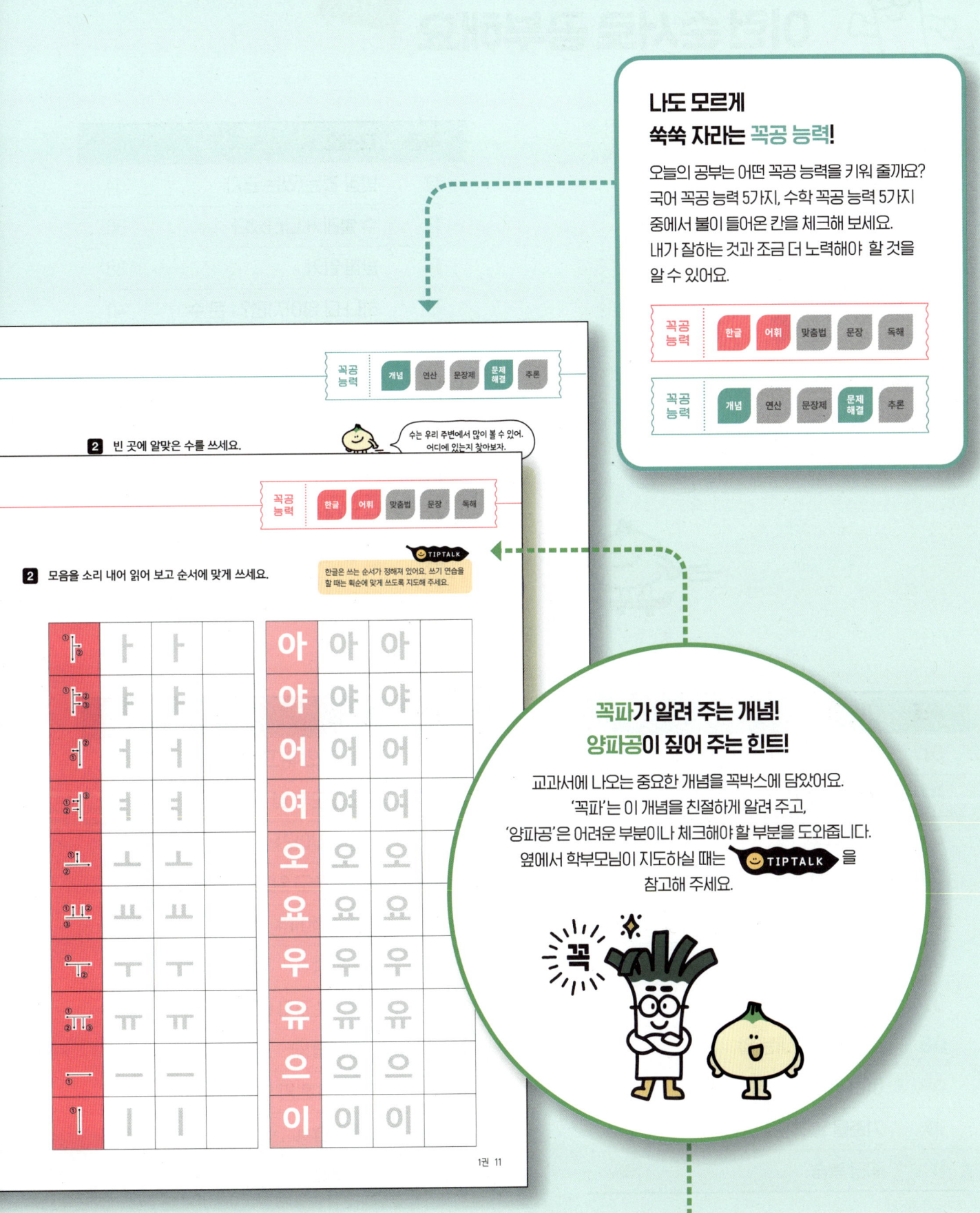

나도 모르게 쑥쑥 자라는 꼭공 능력!

오늘의 공부는 어떤 꼭공 능력을 키워 줄까요? 국어 꼭공 능력 5가지, 수학 꼭공 능력 5가지 중에서 불이 들어온 칸을 체크해 보세요. 내가 잘하는 것과 조금 더 노력해야 할 것을 알 수 있어요.

꼭파가 알려 주는 개념! 양파공이 짚어 주는 힌트!

교과서에 나오는 중요한 개념을 꼭박스에 담았어요. '꼭파'는 이 개념을 친절하게 알려 주고, '양파공'은 어려운 부분이나 체크해야 할 부분을 도와줍니다. 옆에서 학부모님이 지도하실 때는 TIPTALK 을 참고해 주세요.

이런 순서로 공부해요

차례

- 붙임딱지는 정답 앞쪽에 있어요.
- 정답은 책 맨 뒤에 있어요.

꼭공 :	12~22	
12	받침 없는/있는 글자	34
13	수 벌레가 나타났다	36
14	받침 읽기	38
15	하나 더 많아지면? 1 큰 수	40
16	자모음, 받침 넣기	42
17	1 큰 수와 1 작은 수	44
18	ㄱ+ㄱ=ㄲ(쌍기역)	46
19	어떤 것이 더 많을까?	48
20	누가 더 클까?	50
21	큰 수, 작은 수를 찾아라	52
22	꼭공 복습	54

꼭공 :	01~11	
01	아야 오요 읽고 쓰기	10
02	수 읽고 쓰기	12
03	모음 미로	14
04	수의 표현	16
05	ㄱㄴㄷ 읽기	18
06	물건의 개수 세기	20
07	ㄱㄴㄷ 또박또박 써 볼까?	22
08	순서를 나타내는 말	24
09	어디 가니?	26
10	기준을 넣어 순서 말하기	28
11	꼭공 복습	30

꼭공 :	23~33	
23	애 얘 왜 외 읽고 쓰기	58
24	모으면 모두 몇 개?	60
25	과일을 찾아라	62
26	덧셈식 쓰고 읽기	64
27	당근이 딱이야	66
28	덧셈 연습 ①	68
29	초성으로 과자 이름 맞히기	70
30	덧셈 연습 ②	72
31	도화지의 환영 인사	74
32	덧셈 연습 ③	76
33	꼭공 복습	78

꼭공 :	34~44	
34	머리 어깨 무릎 발	82
35	어떻게 가를 수 있을까?	84
36	우리 가족	86
37	뺄셈식 쓰고 읽기	88
38	학교 다녀오겠습니다	90
39	뺄셈 연습 ①	92
40	정다운 이웃	94
41	뺄셈 연습 ②	96
42	안녕? 안녕!	98
43	뺄셈 연습 ③	100
44	꼭공 복습	102

꼭공 :	45~55	
45	꼬끼오의 아침 인사	106
46	기호에 따라 달라져	108
47	얼음[어름] 놀이[노리]	110
48	덧셈일까, 뺄셈일까?	112
49	엄마가방에있다	114
50	몇 개가 더 필요할까?	116
51	몬스터를 찾아라	118
52	모르는 수 구하기	120
53	문장 부호	122
54	나무토막 셈	124
55	꼭공 복습	126

꼭공 :	56~66	
56	띄어 읽기	130
57	모으기와 가르기	132
58	많다 적다 길다 짧다	134
59	십몇 익히기	136
60	밖에 열렸다는 박	138
61	십몇 모으기와 가르기	140
62	우리는 무엇을 합니다	142
63	몇 개일까?	144
64	사자는 동물입니다	146
65	수 나타내기	148
66	꼭공 복습	150

꼭공 :	67~77	
67	나는 책을 읽습니다	154
68	꽃은 모두 몇 송이?	156
69	푸푸의 이야기	158
70	50까지 수의 순서	160
71	우산은 쓰고, 옷은 입고	162
72	별자리를 찾아요	164
73	오늘의 주인공	166
74	묶음의 수를 먼저 비교해	168
75	달리기	170
76	두 자리 수의 크기 비교	172
77	꼭공 복습	174

꼭공 국어 수학

01~11

내 이름은 꼭파!
꼭 공부해야 할 것만 콕 짚어 알려 줄게.

나는 수다쟁이 양파공!
공부할 때 내 힌트가 도움이 될 거야.

· 학습 계획표 ·

꼭공 내용	꼭공 능력	공부한 날
01 아야 오요 읽고 쓰기	**한글** **어휘** 맞춤법 문장 독해	/
02 수 읽고 쓰기	**개념** 연산 문장제 **문제해결** 추론	/
03 모음 미로	**한글** **어휘** 맞춤법 문장 독해	/
04 수의 표현	**개념** 연산 문장제 **문제해결** 추론	/
05 ㄱㄴㄷ 읽기	**한글** **어휘** 맞춤법 문장 독해	/
06 물건의 개수 세기	**개념** 연산 문장제 문제해결 추론	/
07 ㄱㄴㄷ 또박또박 써 볼까?	**한글** 어휘 맞춤법 문장 독해	/
08 순서를 나타내는 말	**개념** 연산 문장제 **문제해결** 추론	/
09 어디 가니?	**한글** 어휘 맞춤법 문장 **독해**	/
10 기준을 넣어 순서 말하기	**개념** 연산 문장제 **문제해결** 추론	/
11 꼭공 복습	**국어** **수학**	/

01 국어

아야 오요 읽고 쓰기

한글 모음은 이름과 소리가 같아요. 'ㅏ'는 [아] 소리가 나죠.
글자를 만들 때 모음에 'ㅇ'을 붙여서 만들어요. 하나씩 소리 내어 읽어 볼까요?

이름	소리
ㅏ 아	[아]
ㅑ 야	[야]
ㅓ 어	[어]
ㅕ 여	[여]
ㅗ 오	[오]
ㅛ 요	[요]
ㅜ 우	[우]
ㅠ 유	[유]
ㅡ 으	[으]
ㅣ 이	[이]

1 그림에 알맞은 낱말을 찾아 ○ 하세요.

아야
오요

아우
우아

여유
여우

으이
오이

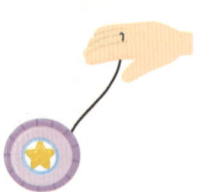

유유
요요

우유
오요

2 모음을 소리 내어 읽어 보고 순서에 맞게 쓰세요.

> 한글은 쓰는 순서가 정해져 있어요. 쓰기 연습을 할 때는 획순에 맞게 쓰도록 지도해 주세요.

ㅏ	ㅏ	ㅏ		아	아	아	
ㅑ	ㅑ	ㅑ		야	야	야	
ㅓ	ㅓ	ㅓ		어	어	어	
ㅕ	ㅕ	ㅕ		여	여	여	
ㅗ	ㅗ	ㅗ		오	오	오	
ㅛ	ㅛ	ㅛ		요	요	요	
ㅜ	ㅜ	ㅜ		우	우	우	
ㅠ	ㅠ	ㅠ		유	유	유	
ㅡ	ㅡ	ㅡ		으	으	으	
ㅣ	ㅣ	ㅣ		이	이	이	

02 수학

수 읽고 쓰기

수는 두 가지 방법으로 읽을 수 있어요.
수를 소리 내어 읽고 순서대로 바르게 쓰는 연습을 하세요.

수	읽기	수량
0	영	아무것도 없어요.
1	일 / 하나	●
2	이 / 둘	●●
3	삼 / 셋	●●●
4	사 / 넷	●●●●
5	오 / 다섯	●●●●●
6	육 / 여섯	●●●●● ●
7	칠 / 일곱	●●●●● ●●
8	팔 / 여덟	●●●●● ●●●
9	구 / 아홉	●●●●● ●●●●

1 수를 읽으며 순서에 맞게 쓰세요.

0	0		
1	1		
2	2		
3	3		
4	4		
5	5		
6	6		
7	7		
8	8		
9	9		

2 빈 곳에 알맞은 수를 쓰세요.

수는 우리 주변에서 많이 볼 수 있어. 어디에 있는지 찾아보자.

03 국어

모음 미로

1 모음자를 찾아 가며 엄마를 딸기밭으로 데려가 주세요.

ㅏ, ㅑ, ㅓ, ㅕ ….
이런 게 모음이야!

2 모음이 들어간 낱말을 또박또박 쓰세요.

아	이
아	이

야	우
야	우

이	어
이	어

우	유
우	유

요	요
요	요

오	이
오	이

이	유
이	유

여	우
여	우

여	아
여	아

04 수학

수의 표현

1 같은 수를 나타내는 것끼리 선으로 이으세요.

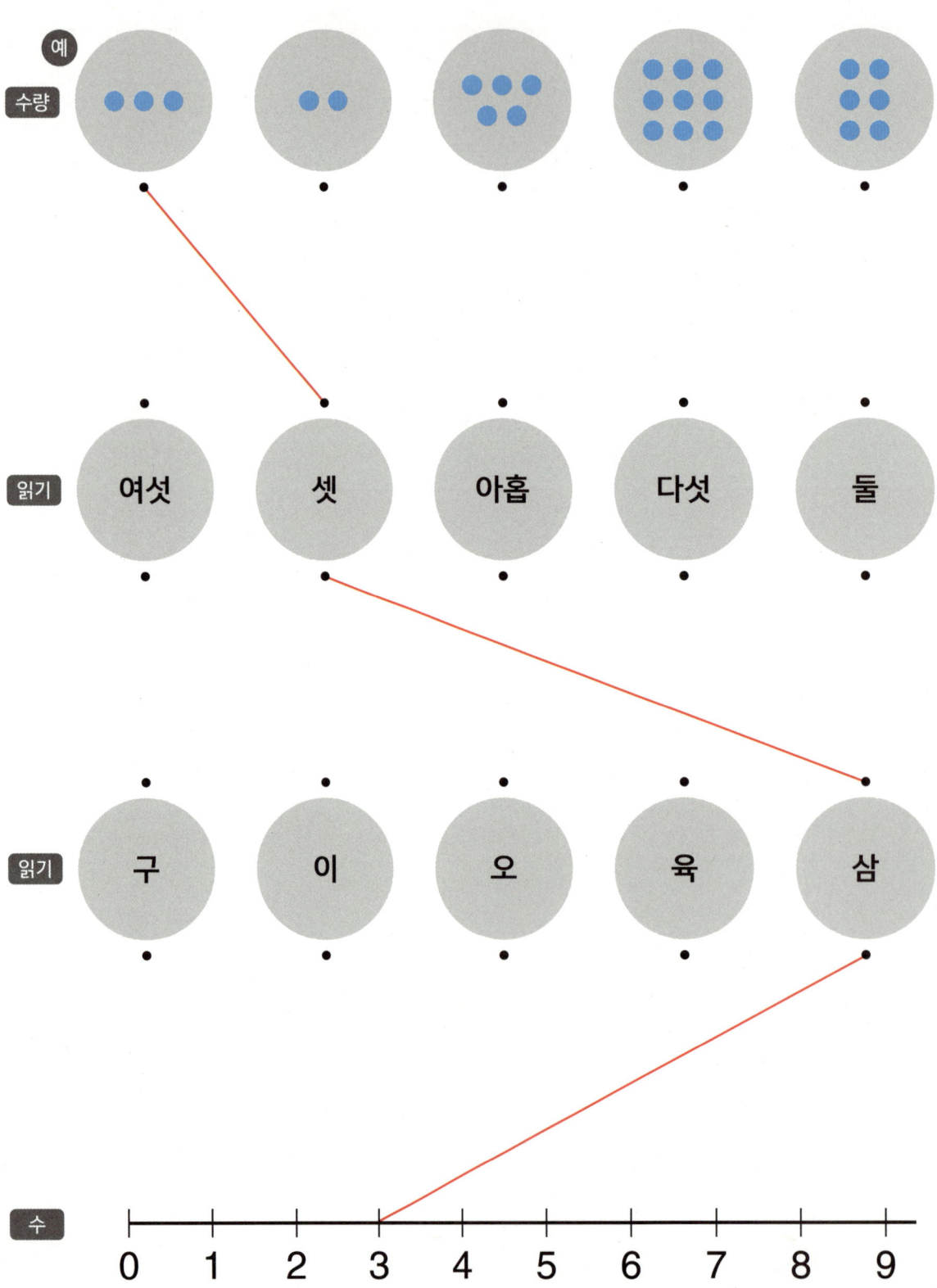

2 밑줄 친 수를 바르게 읽은 것에 색칠하세요.

우리집은 4층이에요.
사 / 넷

제 생일은 2월이에요.
이 / 둘

사람이 5명 있어요.
오 / 다섯

상자에 연필이 9자루 있어요.
구 / 아홉

정류장에서 7번 버스를 타요.
칠 / 일곱

05 국어

ㄱㄴㄷ 읽기

한글 **자음**이에요. 글자의 모양과 소리를 확인하며 읽어 보세요.

 이름   소리

ㄱ	기역 [그]
ㄴ	니은 [느]
ㄷ	디귿 [드]
ㄹ	리을 [르]
ㅁ	미음 [므]
ㅂ	비읍 [브]
ㅅ	시옷 [스]

1 그림에 알맞은 낱말을 찾아 ○ 하세요.

 고기 / 오이

 누나 / 나라

 기도 / 구두

 오리 / 고리

 우 / 무

 바보 / 비버

 시소 / 미소

| 꼭공능력 | 한글 | 어휘 | 맞춤법 | 문장 | 독해 |

TIPTALK
14개의 기본 자음의 이름을 살펴보면서 초성과 받침에 해당 자음이 들어가 있다는 사실을 알려 주세요.

ㅇ(이응)은 모음 공부할 때 봤지?

ㅇ	이응 [으]
ㅈ	지읒 [즈]
ㅊ	치읓 [츠]
ㅋ	키읔 [크]
ㅌ	티읕 [트]
ㅍ	피읖 [프]
ㅎ	히읗 [흐]

여우

여아

주스

죠스

가자

기차

쿠키

카키

타이어

타이거

피지

피자

하마

하루

물건의 개수 세기

1 채소 가게에 왔어요. 채소의 수를 세어 □ 안에 쓰세요.

꼭공능력

2 시장에 왔어요. 장바구니에 수만큼 붙임딱지를 붙이세요.

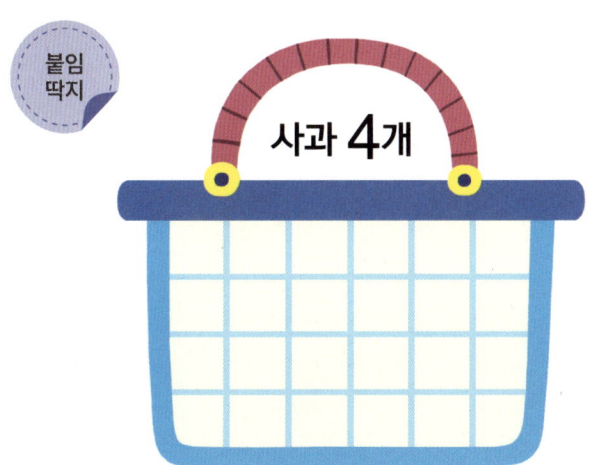

07 국어

ㄱㄴㄷ 또박또박 써 볼까?

 TIPTALK

1 자음과 자음이 들어간 글자를 또박또박 쓰세요.

> 획순이 복잡한 자음은 한 번에 쓰거나 순서를 바꿔 쓰지 않도록 지도해 주세요.

> 지렁이처럼 한 번에 쓰지 말자!

				가	거	기
ㄱ	ㄱ	ㄱ		그	고	구
				너	녀	니
ㄴ	ㄴ	ㄴ		누	노	뉴
				다	더	디
ㄷ	ㄷ	ㄷ		도	두	드
				라	려	리
ㄹ	ㄹ	ㄹ		로	루	류
				마	머	미
ㅁ	ㅁ	ㅁ		모	무	므
				바	버	벼
ㅂ	ㅂ	ㅂ		보	부	뷰
				사	셔	시
ㅅ	ㅅ	ㅅ		수	소	스

22 꼭공 1학년

				아	야	어
ㅇ	ㅇ	ㅇ		오	요	으
				자	저	지
ㅈ	ㅈ	ㅈ		조	주	즈
				차	처	쳐
ㅊ	ㅊ	ㅊ		초	추	츠
				카	커	키
ㅋ	ㅋ	ㅋ		쿠	코	크
				타	터	티
ㅌ	ㅌ	ㅌ		토	투	트
				파	퍼	피
ㅍ	ㅍ	ㅍ		포	표	푸
				하	허	혀
ㅎ	ㅎ	ㅎ		호	후	휴

1권 23

08 수학

순서를 나타내는 말

수를 셀 때는 '하나, 둘, 셋'으로 세고,
순서를 나타낼 때는 첫째, 둘째, 셋째로 말해요.

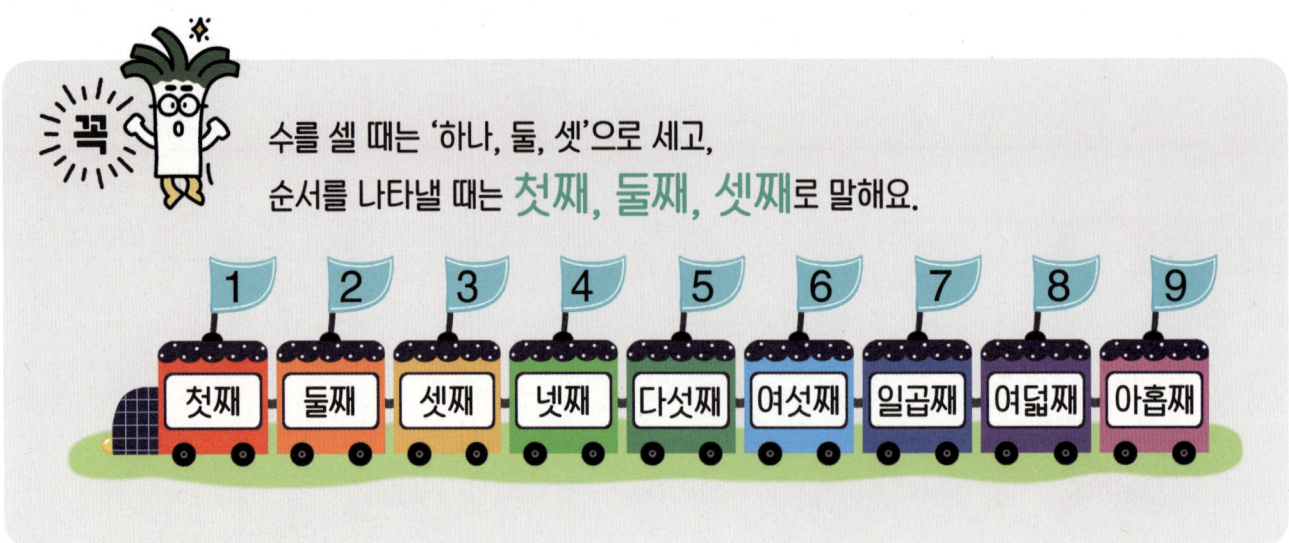

1 순서에 맞게 선으로 연결하세요.

넷째 · 아홉째 · 여섯째 · 둘째

일곱째 · 다섯째 · 셋째 · 여덟째

2 알맞게 색칠하세요.

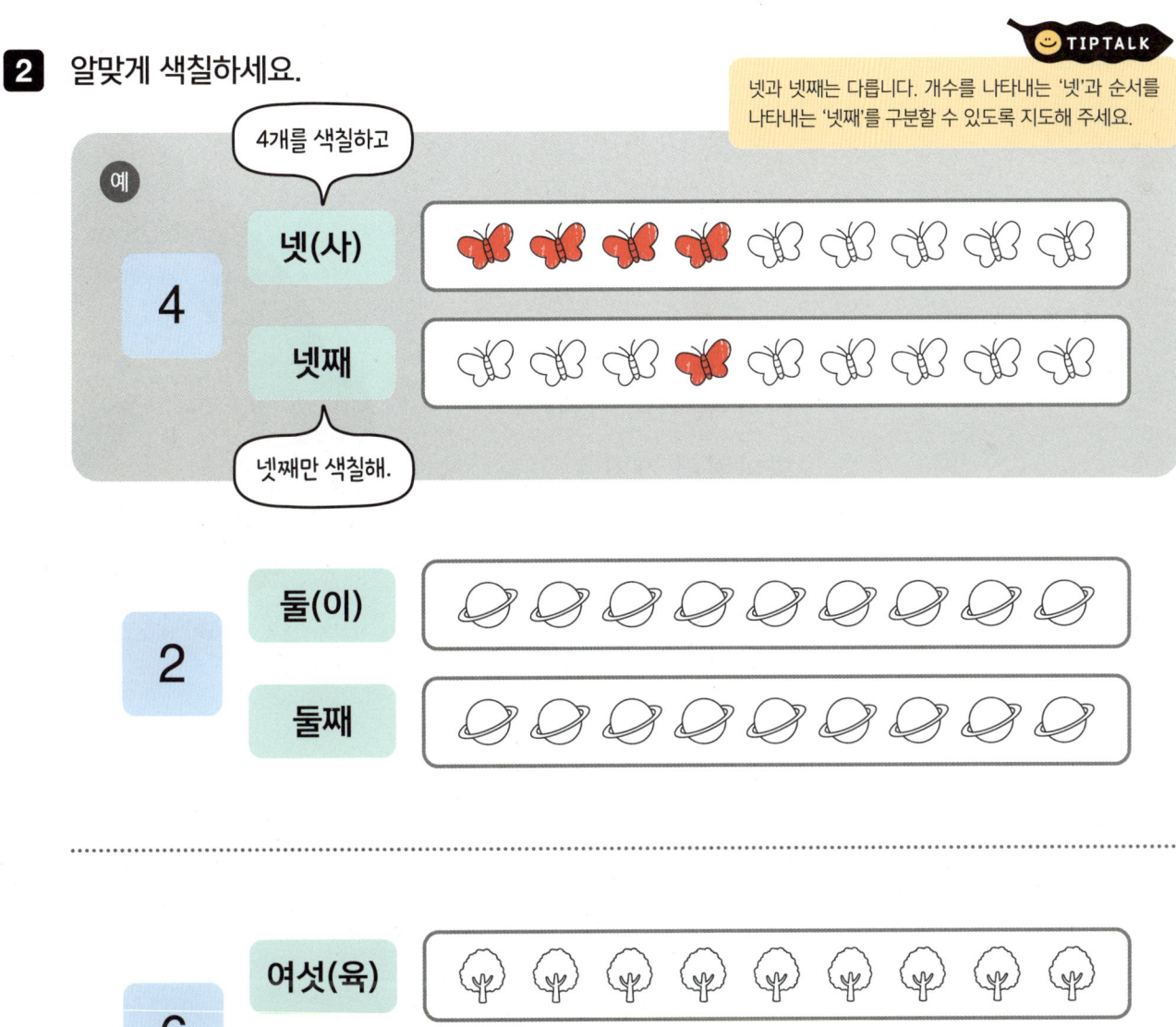

어디 가니?

오리야, 어디 가니?
주스 마시러 가지.

사자야, 어디 가니?
파마하러 가지.

하마야, 어디 가니?
바나나 보트 타러 가지.

나도 가자.
나도 가자.

TIP TALK
기본 자모음으로 이루어진 받침 없는 글자들입니다.
또박또박 소리 내어 읽을 수 있도록 지도해 주세요.

| 꼭 공 능 력 | 한글 | 어휘 | 맞춤법 | 문장 | 독해 |

1 글을 읽고 알맞은 답에 ○ 하세요.

- 오리는 [우유] [주스] 를 마시러 갑니다.

- [사자] [여우] 는 파마하러 갑니다.

- 하마는 [바나나 버스] [바나나 보트] 를 타러 갑니다.

- 글에 나오지 <u>않은</u> 동물은 [오리] [치타] [사자] 입니다.

글에 나온 동물들이 무엇을 하러 가는지 떠올려 봐!

2 기본 자모음이 들어간 낱말을 또박또박 쓰세요.

오	리		어	디		가	니		마	시	러
오	리		어	디		가	니		마	시	러

파	마		바	나	나		보	트		주	스
파	마		바	나	나		보	트		주	스

10 기준을 넣어 순서 말하기

어디부터 세기 시작하는지에 따라 순서가 달라지므로 "**어디**에서 몇째"와 같이 **기준**을 넣어서 말해요.

1 순서에 맞게 칸을 색칠하세요.

2 보물이 숨겨진 장소를 찾아 보물 붙임딱지를 붙이세요.

붙임딱지

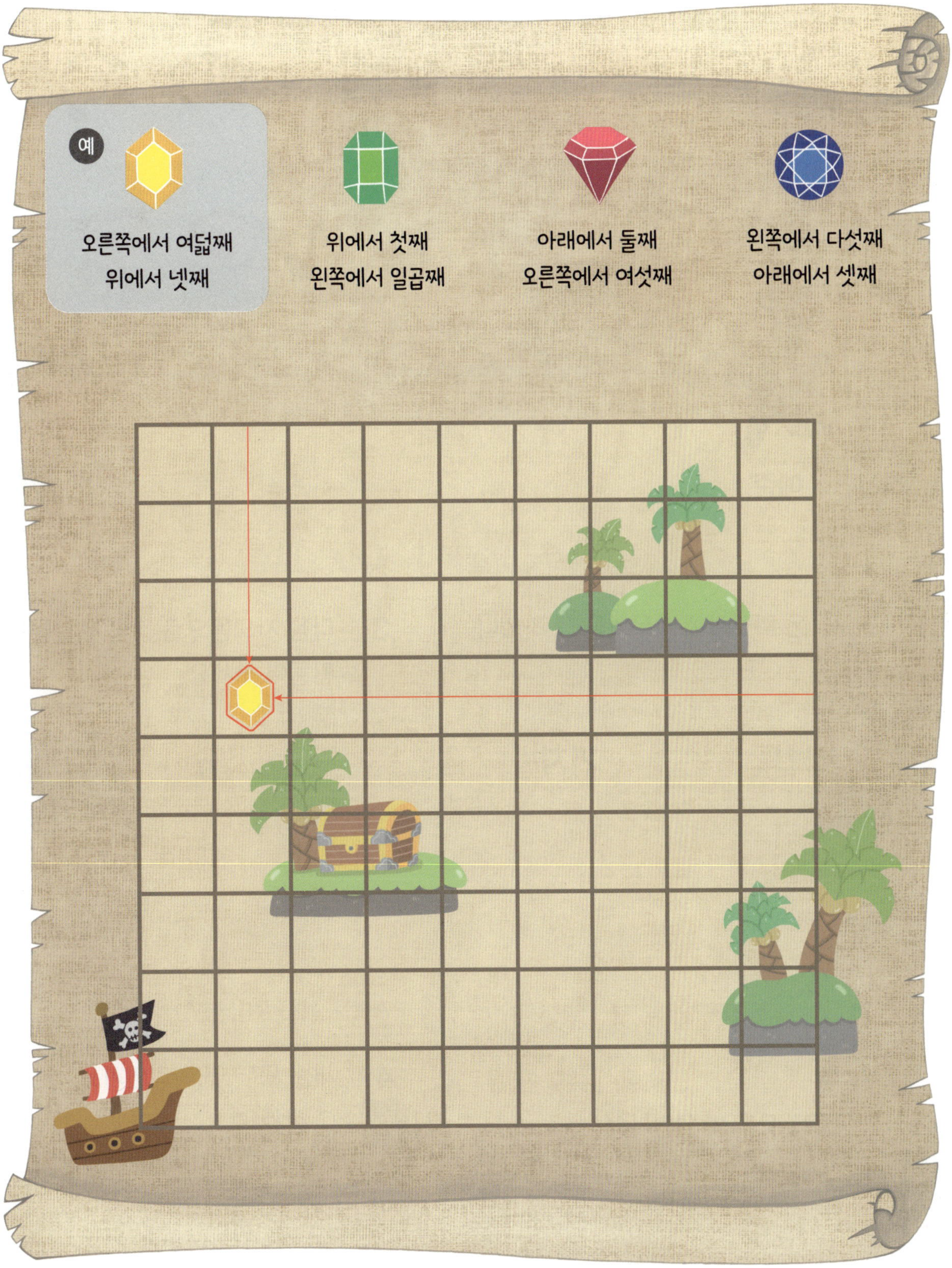
예
오른쪽에서 여덟째
위에서 넷째
위에서 첫째
왼쪽에서 일곱째
아래에서 둘째
오른쪽에서 여섯째
왼쪽에서 다섯째
아래에서 셋째

꼭꼼 복습

11 종합

★ 그림을 보고 물음에 답하세요. [1-8]

1 친구들은 바닷가에서 무엇을 타고 있나요?
[한글]

　　보트　　　　기차

2 친구들은 모두 몇 명인가요?
[개념]

(　　　　　)명

3 다음 자모음으로 그림에 알맞은 낱말을 만들어 쓰세요.
[한글]

4 새는 모두 몇 마리인가요? 알맞은 수에 ○ 하세요.
[개념]

(6 , 세 , 다섯) 마리

5 다음 두 친구의 이름에 공통으로 들어가는 자음자를 모두 찾아 ○ 하세요.

 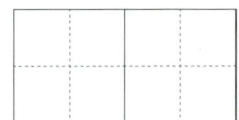

6 이름에 받침이 들어가지 <u>않는</u> 친구를 모두 쓰세요.

7 나는 기차의 왼쪽에서 넷째 칸, 오른쪽에서 셋째 칸에 탔습니다. 나는 누구일까요?

( )

8 나도 기차를 탔고, 이름에 'ㅌ'과 'ㄱ'이 들어갑니다. 나는 누구일까요?

( )

9 그림을 보고 알맞은 말에 ○ 하세요.

(1)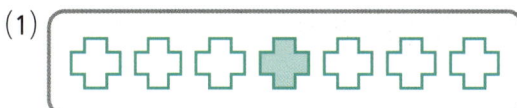

넷   넷째

(2)

다섯   다섯째

10 막대를 하나 더 색칠해서 디지털 숫자로 나타내 보세요.

(1) 3 →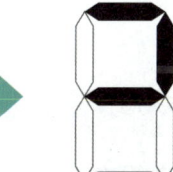

(2) 4 →

(3) 5 →

꼭공 국어 수학

12~22

받침과 쌍자음을 배워 볼까?
'꼭'에는 쌍자음 ㄲ, 받침 ㄱ이 들었지!

2보다 1 작은 수는 1, 2보다 1 큰 수는 3.
큰 수와 작은 수를 찾아봐!

· 학습 계획표 ·

꼭공 내용	꼭공 능력	공부한 날
12 받침 없는/있는 글자	한글 / 어휘 / 맞춤법 / 문장 / 독해	/
13 수 벌레가 나타났다	개념 / 연산 / 문장제 / 문제해결 / 추론	/
14 받침 읽기	한글 / 어휘 / 맞춤법 / 문장 / 독해	/
15 하나 더 많아지면? 1 큰 수	개념 / 연산 / 문장제 / 문제해결 / 추론	/
16 자모음, 받침 넣기	한글 / 어휘 / 맞춤법 / 문장 / 독해	/
17 1 큰 수와 1 작은 수	개념 / 연산 / 문장제 / 문제해결 / 추론	/
18 ㄱ+ㄱ=ㄲ(쌍기역)	한글 / 어휘 / 맞춤법 / 문장 / 독해	/
19 어떤 것이 더 많을까?	개념 / 연산 / 문장제 / 문제해결 / 추론	/
20 누가 더 클까?	한글 / 어휘 / 맞춤법 / 문장 / 독해	/
21 큰 수, 작은 수를 찾아라	개념 / 연산 / 문장제 / 문제해결 / 추론	/
22 꼭공 복습	국어 / 수학	/

받침 없는/있는 글자

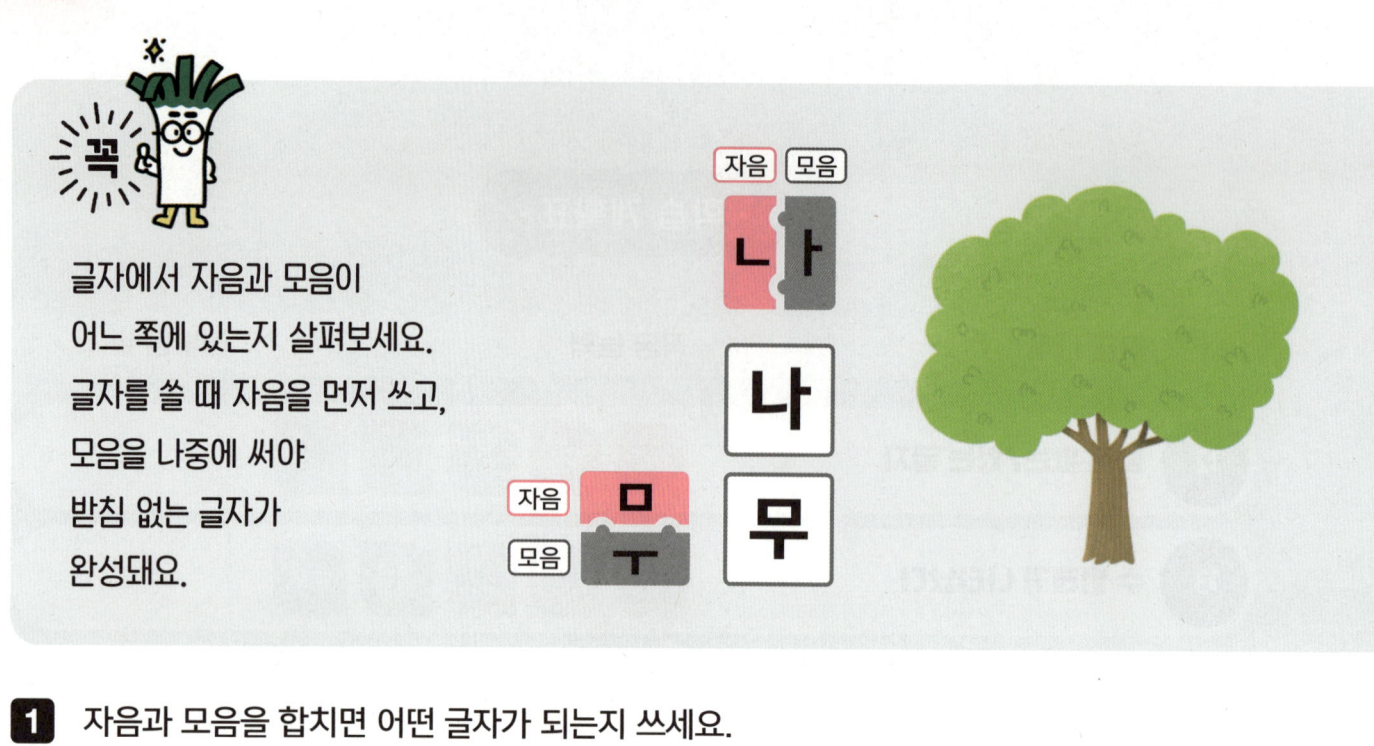

글자에서 자음과 모음이 어느 쪽에 있는지 살펴보세요. 글자를 쓸 때 자음을 먼저 쓰고, 모음을 나중에 써야 받침 없는 글자가 완성돼요.

1 자음과 모음을 합치면 어떤 글자가 되는지 쓰세요.

거 거   노 □   바지 □□
미 □   루 □   가수 □□
사 □   요 □   도유 □□
벼 □   흐 □   추리 □□

티라노사우루스
□□□□□□□

꼭공능력

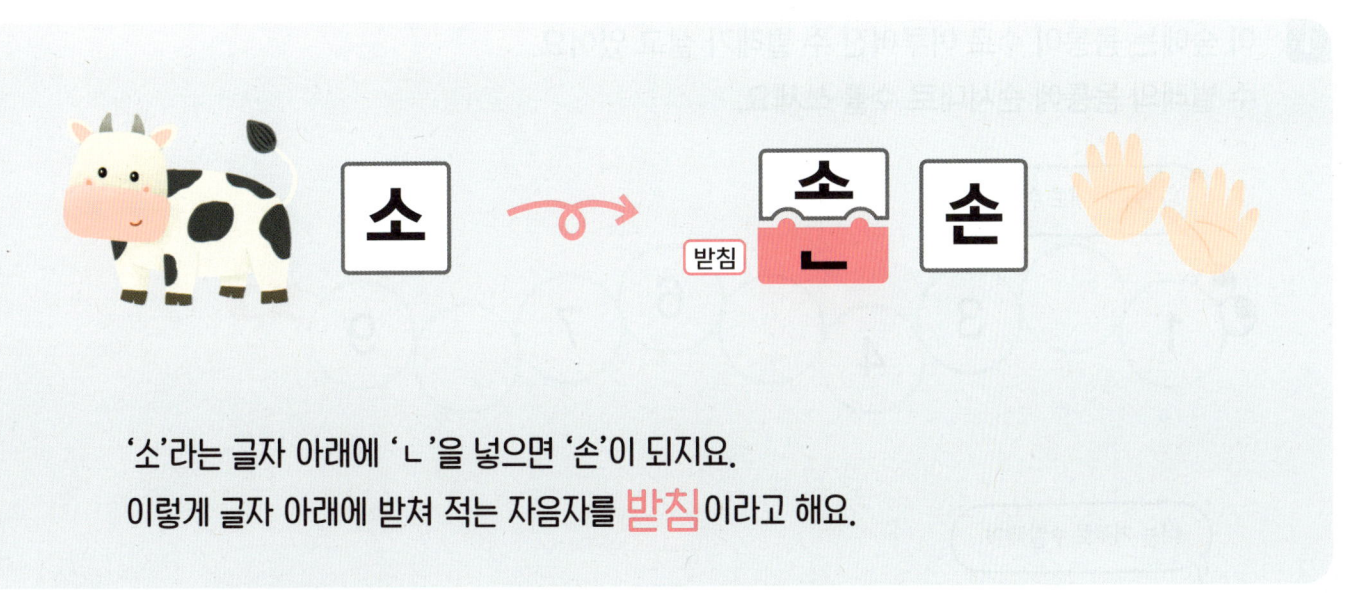

'소'라는 글자 아래에 'ㄴ'을 넣으면 '손'이 되지요.
이렇게 글자 아래에 받쳐 적는 자음자를 **받침**이라고 해요.

2 받침 붙임딱지를 붙여서 그림에 알맞은 낱말을 완성하고, 빈칸에 쓰세요.

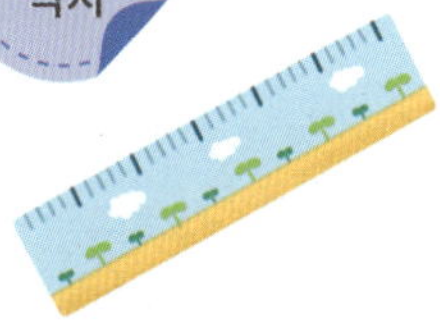

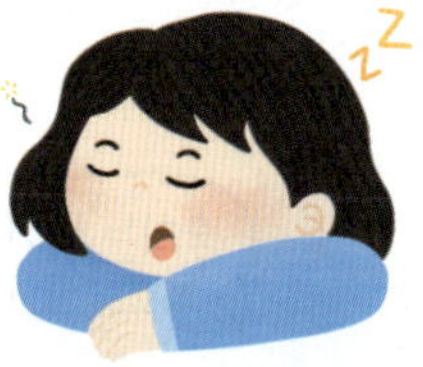

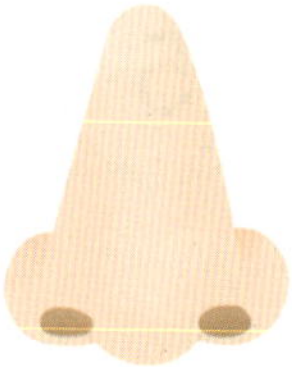

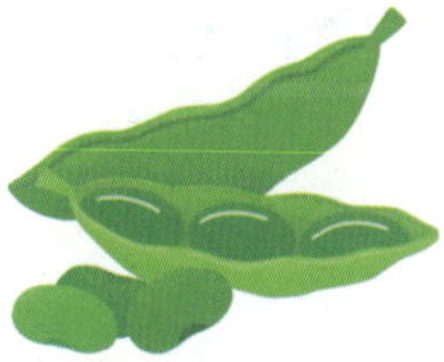

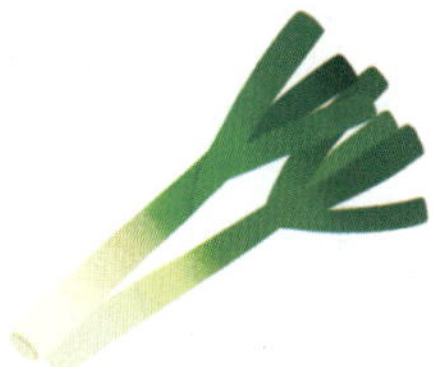

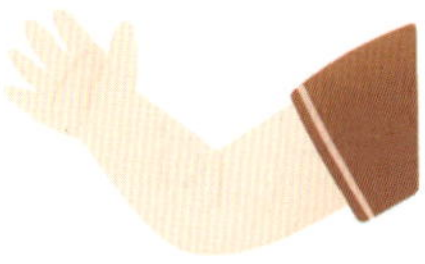

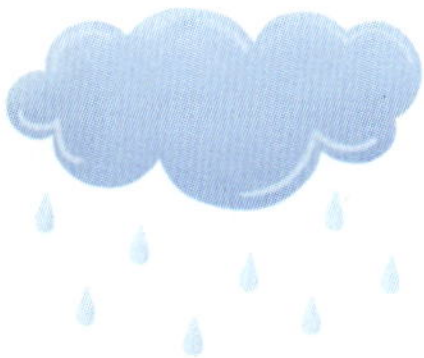

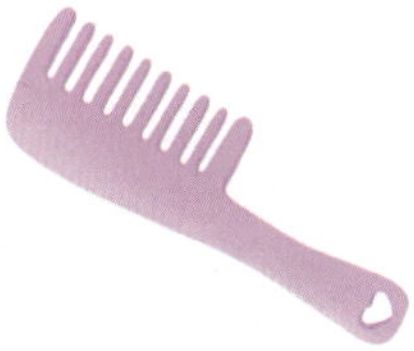

수 벌레가 나타났다

1 이 숲에는 몸통이 수로 이루어진 수 벌레가 살고 있어요.
수 벌레의 몸통에 순서대로 수를 쓰세요.

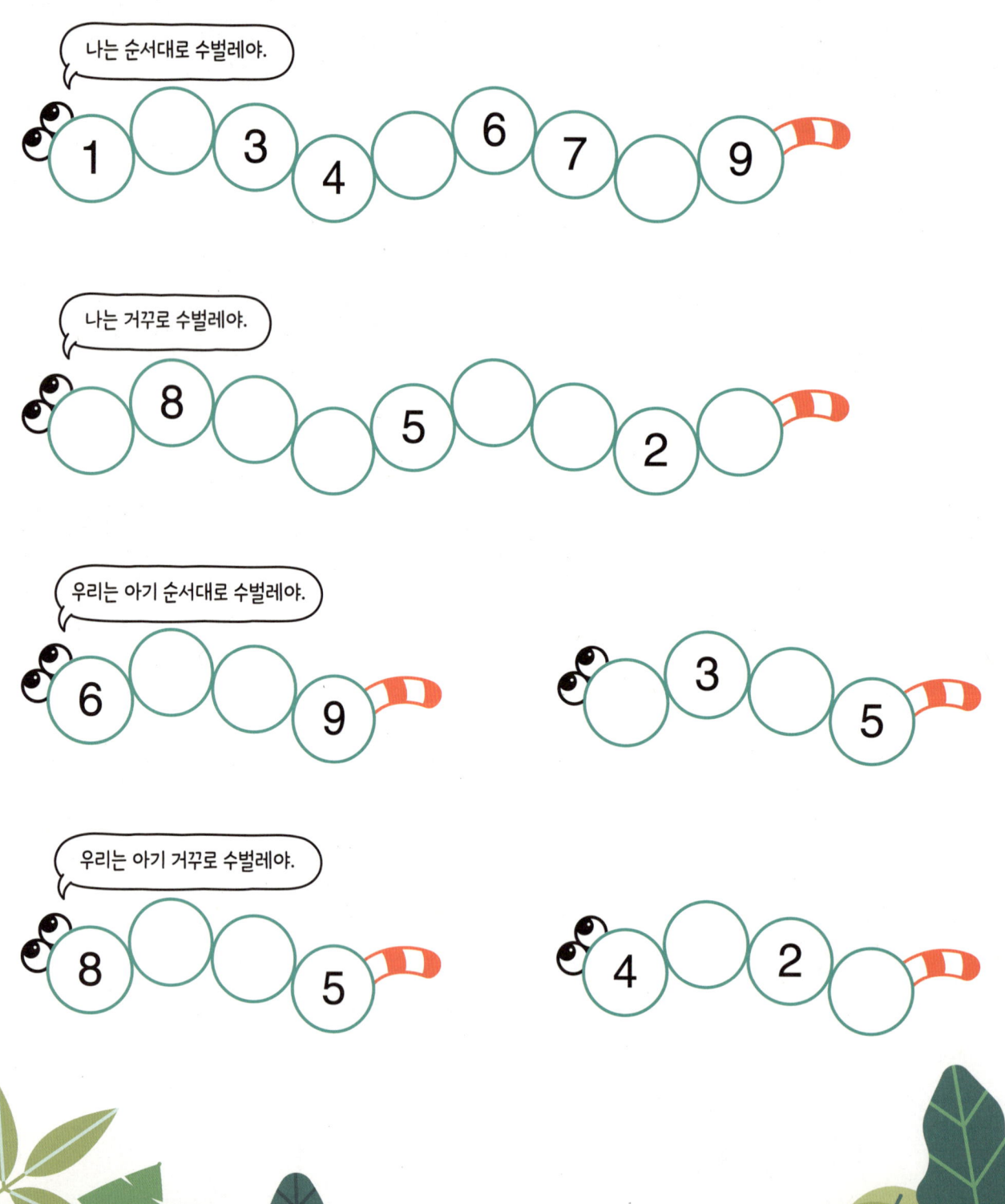

2 숲에 사람들이 많아지자 수 벌레가 퍼즐 판 안으로 숨었어요.
수 벌레를 찾아 눈과 꼬리를 그리고, □ 안을 색칠하여 몸통을 완성하세요.

예

1 2 3 4 5

2	2	5
1	3	4
1	2	4

가로와 세로로만 움직일 수 있어. 대각선으로 움직이면 안 돼.

4 5 6 7 8

4	5	5
6	6	5
7	7	8

5 4 3 2 1

4	3	2
5	5	1
2	4	1

9 8 7 6 5

8	8	9
6	7	6
5	9	8

2 3 4 5 6

2	5	2
5	4	3
6	3	5

받침 읽기

모든 자음은 받침으로도 쓸 수 있어요.
예를 들어 ㄱ(기역)은 받침으로 쓰일 때, [윽] 소리가 나지요.

받침	소리
ㄱ	[윽]
ㄴ	[은]
ㄷ	[읃]
ㄹ	[을]
ㅁ	[음]
ㅂ	[읍]
ㅇ	[응]

1 다음 낱말에서 받침을 찾아 ○ 하세요.

받침 ㅅ, ㅈ, ㅊ, ㅋ, ㅌ, ㅍ, ㅎ은 읽을 때 대표 받침소리로 나요.
예를 들어 ㅋ(키읔)은 받침으로 쓰일 때, ㄱ과 같은 [윽] 소리가 나지요.

> **TIPTALK**
> ㄱ, ㄴ, ㄷ, ㄹ, ㅁ, ㅂ, ㅇ 7개의 대표 받침을 먼저 익히고, 나머지 받침을 공부하는 게 쉽습니다.

ㅅ [읃]		
시옷	숫자	빗

▶ 받침 ㅅ은 읽을 때의 소리[시옫]와 쓸 때의 글자(시옷)가 달라짐을 한번 더 체크해 주세요. 받침 ㅅ은 대표 받침소리 [읃]으로 읽습니다.

ㅈ [읃]		
지읒	젖소	찾다

▶ 받침 ㅈ은 대표 받침소리 [읃]으로 읽습니다.

ㅊ [읃]		
치읓	꽃	빛

▶ 받침 ㅊ은 대표 받침소리 [읃]으로 읽습니다.

ㅋ [윽]		
키읔	부엌	서녘

▶ 받침 ㅋ은 대표 받침소리 [윽]으로 읽습니다.

ㅌ [읃]		
티읕	같다	밭

▶ 받침 ㅌ은 대표 받침소리 [읃]으로 읽습니다.

ㅍ [읍]		
피읖	무릎	잎

▶ 받침 ㅍ은 대표 받침소리 [읍]으로 읽습니다.

ㅎ [읃]		
히읗	좋다	하얗다

▶ 받침 ㅎ은 대표 받침소리 [읃]으로 읽습니다.

15 하나 더 많아지면? 1 큰 수

1 나뭇잎 붙임딱지를 한 개씩 더 붙이면서 나뭇잎 수를 세어 보세요.

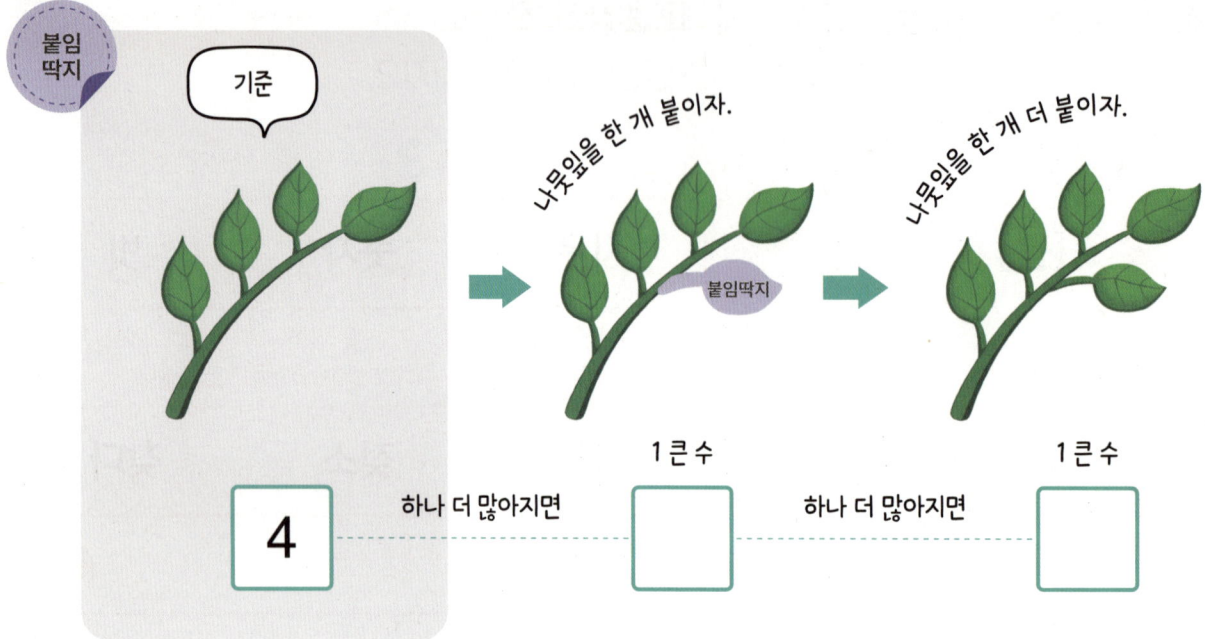

2 나뭇잎을 한 개씩 지우면서 나뭇잎 수를 세어 보세요.

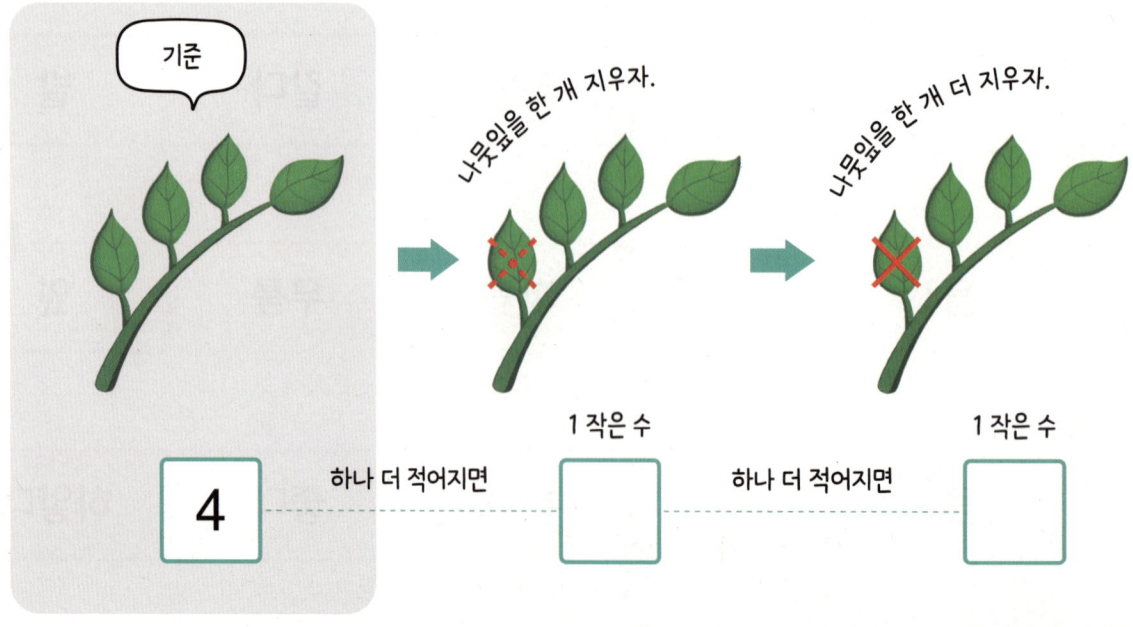

3 1 작은 수를 구하세요.

8 ---- 1 작은 수 ☐

2 ---- 1 작은 수 ☐

6 ---- 1 작은 수 ☐

3 ---- 1 작은 수 ☐

7 ---- 1 작은 수 ☐

1 ---- 1 작은 수 ☐

4 1 큰 수를 구하세요.

8 ---- 1 큰 수 ☐

2 ---- 1 큰 수 ☐

6 ---- 1 큰 수 ☐

3 ---- 1 큰 수 ☐

7 ---- 1 큰 수 ☐

1 ---- 1 큰 수 ☐

16 국어 자모음, 받침 넣기

1 자음과 모음, 또는 받침을 넣어 그림에 알맞은 낱말을 완성하세요.

 받침 없는 글자들이야.

예)

나	비
나	비
나	비

ㄷ	ㅌ	ㄹ
ㅗ	ㅗ	ㅣ

ㅍ	ㄷ
ㅗ	ㅗ

ㄴ	ㄱ	ㄹ
ㅓ	ㅜ	ㅣ

ㅅ	ㅈ
ㅏ	ㅏ

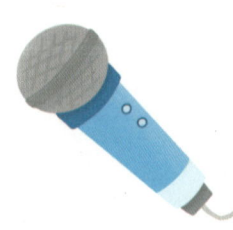

ㅁ	ㅇ	ㅋ
ㅏ	ㅣ	ㅡ

ㅊ
ㅗ

ㅋ	ㅅ	ㅁ	ㅅ
ㅗ	ㅡ	ㅗ	ㅡ

꼭꼭 능력: 한글 / 어휘 / 맞춤법 / 문장 / 독해

두 번째 칸의 받침을 눈여겨보고, 받침 있는 글자를 완성해 봐.

예)
곶	감
곶	감
곶	감

자	가
ㅇ	ㅂ

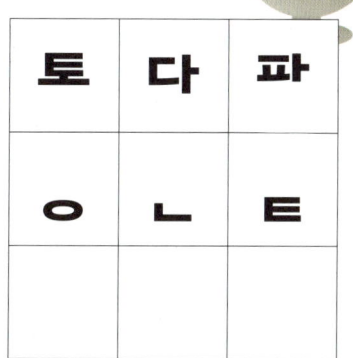

토	다	파
ㅇ	ㄴ	ㅌ

차	무
ㅇ	ㄴ

모	요
ㄱ	ㄱ

하	요	푸
ㄱ	ㅇ	ㅁ

나	자
ㅈ	ㅁ

야	마
ㅇ	ㄹ

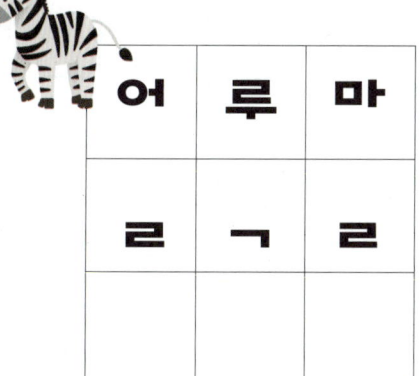

어	루	마
ㄹ	ㄱ	ㄹ

푸	서
ㅇ	ㄴ

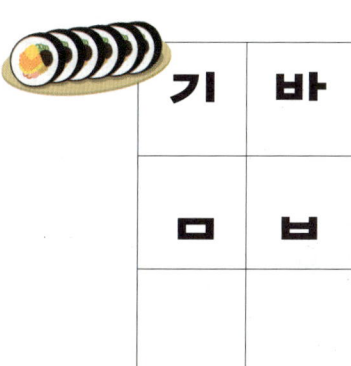

기	바
ㅁ	ㅂ

자	나	가
ㅇ	ㄴ	ㅁ

17 1 큰 수와 1 작은 수

수학

1 수의 순서를 생각하며 빈칸에 알맞은 수를 쓰세요.

집중해서 2분 안에 풀어 보자!

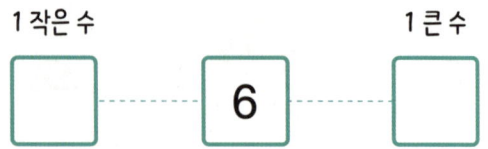
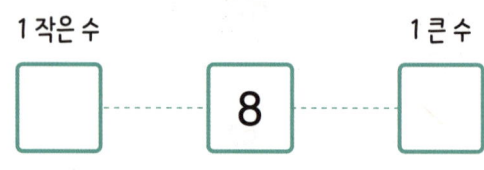

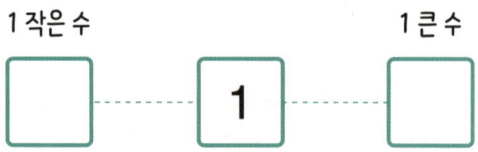
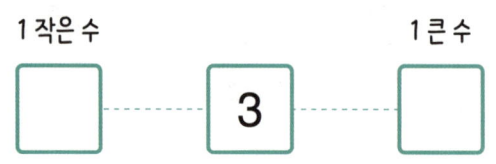

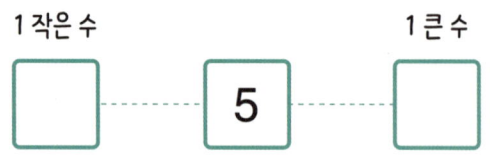
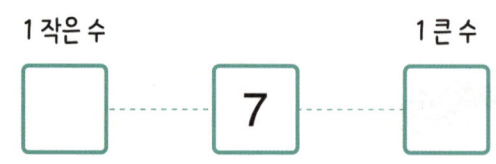

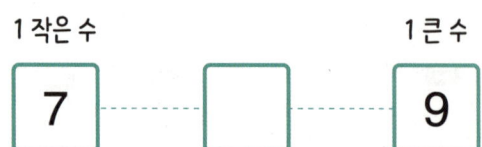
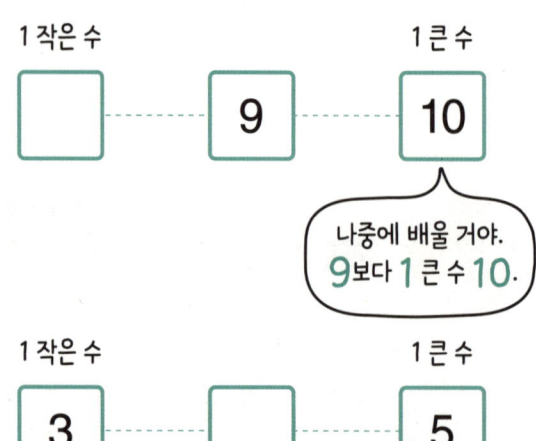

나중에 배울 거야. 9보다 1 큰 수 10.

2 문제를 잘 읽고 답을 구하세요.

해인이는 올해 8살입니다.
동생은 해인이보다 1살 더 적습니다.
동생의 나이는 몇 살일까요?

답 _____ 살

모자가 3개 있습니다.
가방은 모자보다 하나 더 많습니다.
가방은 몇 개일까요?

답 _____ 개

동물원에 사자가 7마리 있습니다.
호랑이는 사자보다 1마리 더 많습니다.
호랑이는 몇 마리일까요?

답 _____ 마리

바구니에 초콜릿이 3개 있습니다.
사탕은 초콜릿보다 1개 더 적습니다.
사탕은 몇 개일까요?

답 _____ 개

18 국어

ㄱ+ㄱ=ㄲ(쌍기역)

ㄱ과 ㄱ이 합쳐지면 ㄲ(쌍기역)이 돼요. ㄱ(기역)은 [그] 소리가 나고, ㄲ(쌍기역)은 [끄] 소리가 나요. 이러한 **쌍자음**은 다섯 가지가 있어요.

	ㄲ	ㄸ	ㅃ	ㅆ	ㅉ
이름	쌍기역	쌍디귿	쌍비읍	쌍시옷	쌍지읒
소리	[끄]	[뜨]	[쁘]	[쓰]	[쯔]

1 쌍자음을 알아보고 그림에 알맞은 낱말을 찾아 ○ 하세요.

굴	딸	방	쌀	짐
꿀	달	빵	살	찜

2 기본 자음을 쓰는 순서를 떠올리며 쌍자음을 따라 써 보세요.

ㄲ	ㄸ	ㅃ	ㅆ	ㅉ

뻐	꾸	기
쌍	둥	이
골	짜	기

3. 쌍자음이 들어간 흉내 내는 말을 따라 쓰고, 두 글자 낱말을 완성하세요.

꿀	꺽	꿀	꺽

뚝	딱	뚝	딱

삐	뽀	삐	뽀

팔	짝	팔	짝

째	깍	째	깍

깜	빡	깜	빡

빠	빠
ㅇ	ㅇ

쑥	쑥
ㄱ	ㄱ

꽁	꽁
ㅇ	ㅇ

쫑	쫑
ㄱ	ㄱ

19 수학

어떤 것이 더 많을까?

바지와 모자를 하나씩 짝 지었을 때
남는 쪽의 수가 **더 크고**, **모자라는** 쪽의 수가 **더 작아요**.

➡ 5는 4보다 큽니다.
4는 5보다 작습니다.

1 그림을 보고 더 큰 수에 색칠하세요.

양을 비교할 때는 '많다, 적다',
수의 크기를 비교할 때는 '크다, 작다'

 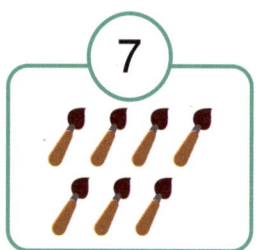  

 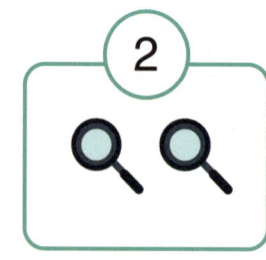 

수를 순서대로 썼을 때
앞에 나올수록 **작은 수**, **뒤**에 나올수록 **큰 수**입니다.

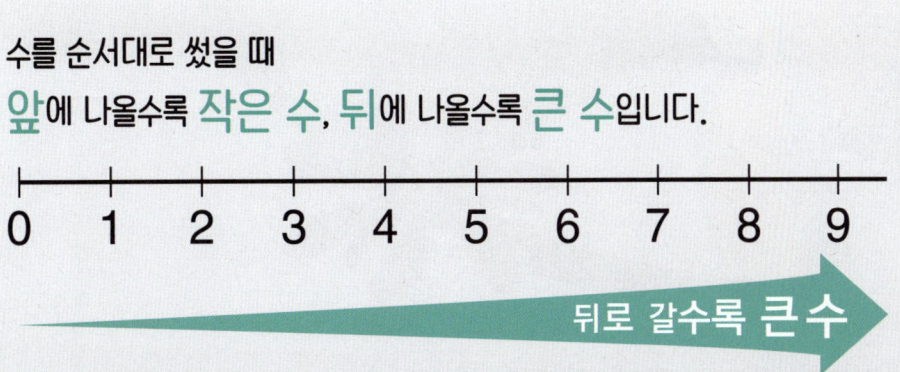

2 더 작은 수에 ○ 하세요.

3 가장 큰 수에 ○ 하세요.

20 국어 — 누가 더 클까?

코가 긴 코끼리
목이 긴 기린
꼬리가 긴 악어

누가 더 길까?
누가 더 클까?

ㄱ(기역), ㅋ(키읔), ㄲ(쌍기역)이 들어간 글자(낱말)를 또박또박 소리 내어 읽을 수 있도록 지도해 주세요.

| 꼭공능력 | 한글 | 어휘 | 맞춤법 | 문장 | 독해 |

1 글을 읽고 알맞은 답에 ○ 하세요.

- 코가 긴 것은 [기린] [코끼리] 입니다.

- [악어] [기린] 은/는 목이 깁니다.

- 악어는 [코] [꼬리] 가 깁니다.

- 글에 나온 동물을 모두 고르세요.

  [뱀] [악어] [기린] [앵무새] [코끼리]

2 ㄱ(기역), ㅋ(키읔), ㄲ(쌍기역)이 들어간 낱말을 또박또박 쓰세요.

코	코끼리	목	기린	긴
코	코끼리	목	기린	긴

꼬리	악어	누가	클까
꼬리	악어	누가	클까

1권 51

21 큰 수, 작은 수를 찾아라

1 가운데 수보다 큰 수는 빨간색, 작은 수는 노란색으로 색칠하세요.

2. 친구들이 설명하는 수는 무엇일까요?

 3보다 크고 5보다 작은 수야.

답 _____

 5보다 크고 7보다 작은 수야.

답 _____

 6보다 작고 4보다 큰 수야.

답 _____

 8보다 작고 6보다 큰 수야.

답 _____

 먼저, 1보다 크고 5보다 작은 수를 모두 써 봐.

 1보다 크고 5보다 작은 수인데 2와 4는 아니야.

답 _____

 5보다 크고 9보다 작은 수 중에서 가장 큰 수야.

답 _____

22 종합 꼭공 복습

★ 그림을 보고 물음에 답하세요. [1-8]

1 동물 친구들은 무엇을 하고 있나요?
[독해]

　　생일 파티　　숨바꼭질

2 그림에 있는 동물의 이름을 완성하여 쓰세요.
[한글]

3 수의 순서를 생각하며 그림 속 장식에 알맞은 수를 쓰세요.
[개념]

4 곰이 들고 있는 바구니 안에 담긴 것을 찾아 ○ 하세요.
[한글]

　딸기　사과　케이크
　주스　포도　쿠키　바나나

5 글자의 짜임을 생각하며 그림에 알맞은 받침을 쓰세요.
[한글]

6 바구니에 사과가 3개 있습니다. 귤은 사과보다 1개 더 많습니다. 귤은 몇 개 있을까요?

( )개

7 각 동물이 먹고 있는 음식의 이름을 쓰세요.

8 식탁에 접시가 6개 있습니다. 숟가락은 접시보다 1개 더 적습니다. 숟가락은 몇 개 있을까요?

( )개

9 4보다 큰 수가 있는 칸을 모두 찾아 색칠하세요.

10 수를 세어 □ 안에 쓰고, 두 수의 크기를 비교하세요.

의자 ☐ 개, 어린이 ☐ 명

➡

꼭공 국어 수학

23~33

모으기와 덧셈 완전 정복!
본격적인 연산을 익혀 볼 차례야.

왜 왜 그러면 안 되 돼?
복잡한 모음은 헷갈려!

· 학습 계획표 ·

꼭공 내용	꼭공 능력	공부한 날
23 애 얘 왜 외 읽고 쓰기	한글 / 어휘 / 맞춤법 / 문장 / 독해	/
24 모으면 모두 몇 개?	개념 / 연산 / 문장제 / 문제해결 / 추론	/
25 과일을 찾아라	한글 / 어휘 / 맞춤법 / 문장 / 독해	/
26 덧셈식 쓰고 읽기	개념 / 연산 / 문장제 / 문제해결 / 추론	/
27 당근이 딱이야	한글 / 어휘 / 맞춤법 / 문장 / 독해	/
28 덧셈 연습 ①	개념 / 연산 / 문장제 / 문제해결 / 추론	/
29 초성으로 과자 이름 맞히기	한글 / 어휘 / 맞춤법 / 문장 / 독해	/
30 덧셈 연습 ②	개념 / 연산 / 문장제 / 문제해결 / 추론	/
31 도화지의 환영 인사	한글 / 어휘 / 맞춤법 / 문장 / 독해	/
32 덧셈 연습 ③	개념 / 연산 / 문장제 / 문제해결 / 추론	/
33 꼭공 복습	국어 / 수학	/

애 얘 왜 외 읽고 쓰기

23 국어

이름	소리
ㅐ	애 [애]
ㅒ	얘 [얘]
ㅔ	에 [에]
ㅖ	예 [예]
ㅘ	와 [와]
ㅙ	왜 [왜]
ㅚ	외 [외]
ㅝ	워 [워]
ㅞ	웨 [웨]
ㅟ	위 [위]
ㅢ	의 [의]

복잡한 모음의 모양을 살피며 또박또박 읽어 보세요.

꼭

1 그림에 알맞은 낱말을 찾아 ○ 하세요.

(모래)	모레		애기	얘기
시개	시계		운동화	운동하
돼지	대지		열쇄	열쇠
가위	가이		으사	의사

2 복잡한 모음을 소리 내어 읽으면서 순서에 맞게 따라 쓰고, 낱말도 함께 쓰세요.

ㅐ	ㅐ	ㅐ	애	애	애	새	해
ㅒ	ㅒ	ㅒ	얘	얘	얘	얘	기
ㅔ	ㅔ	ㅔ	에	에	에	그	네
ㅖ	ㅖ	ㅖ	예	예	예	시	계
ㅘ	ㅘ	ㅘ	와	와	와	과	자
ㅙ	ㅙ	ㅙ	왜	왜	왜	상	쾌
ㅚ	ㅚ	ㅚ	외	외	외	야	외
ㅝ	ㅝ	ㅝ	워	워	워	병	원
ㅞ	ㅞ	ㅞ	웨	웨	웨	훼	손
ㅟ	ㅟ	ㅟ	위	위	위	바	퀴
ㅢ	ㅢ	ㅢ	의	의	의	무	늬

24 모으면 모두 몇 개?

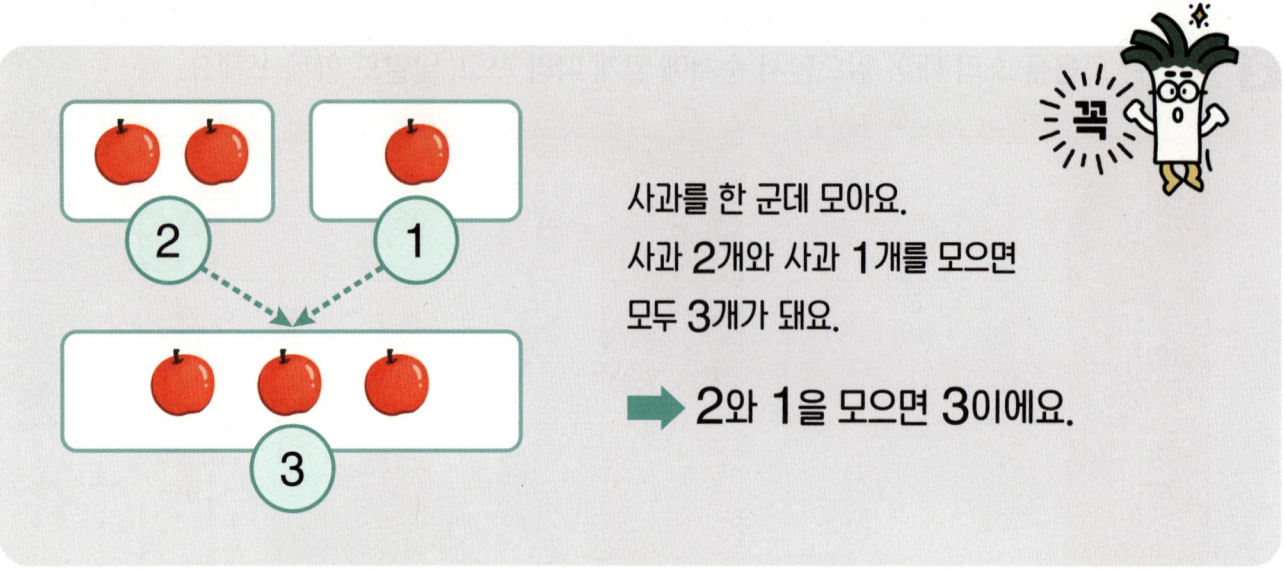

사과를 한 군데 모아요.
사과 2개와 사과 1개를 모으면 모두 3개가 돼요.

➡ 2와 1을 모으면 3이에요.

1 모은 과일의 수만큼 ○를 그리고, ○ 안에 알맞은 수를 쓰세요.

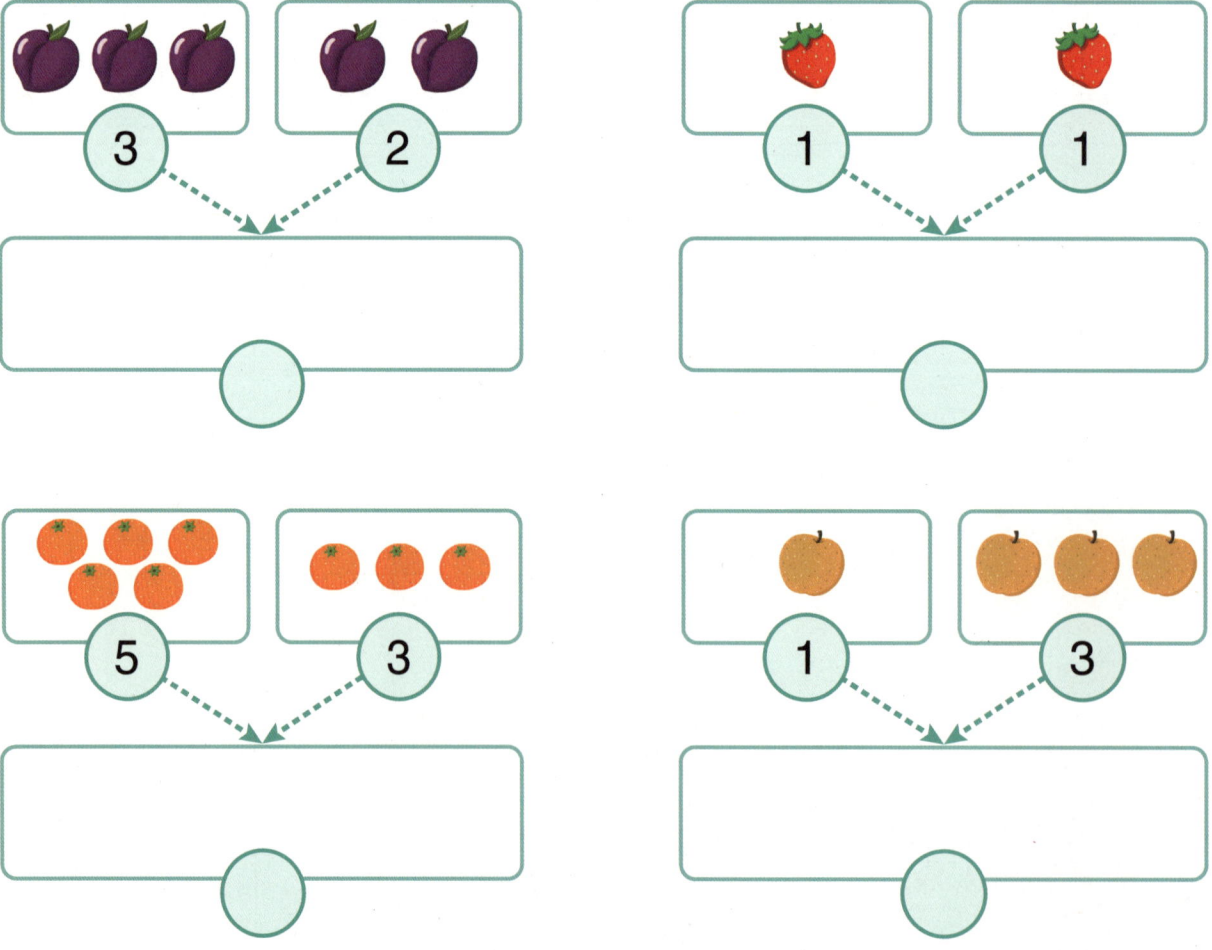

2 모으기를 하세요.

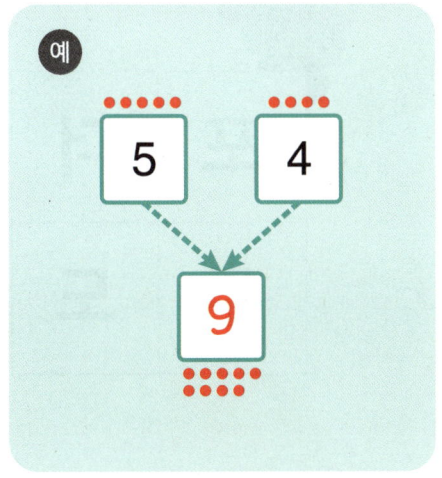

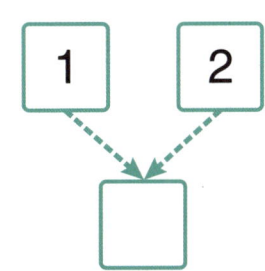 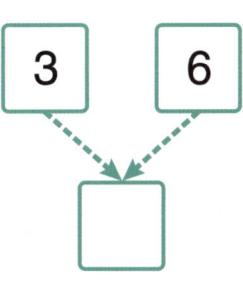

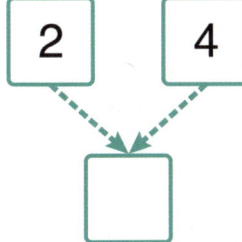 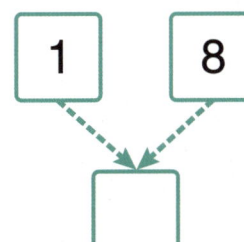 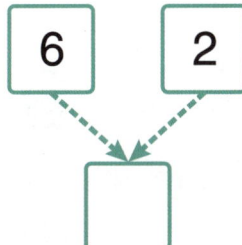

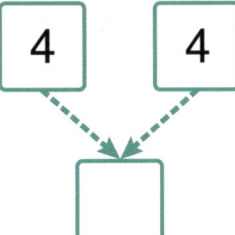 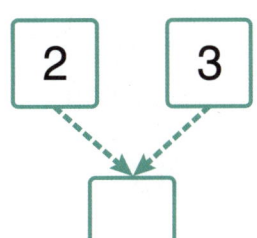 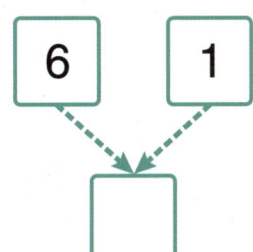

과일을 찾아라

1 여러 가지 과일 이름을 글자판에서 찾아 ○ 하세요.

예

레	래
(몬)	몽

포	더
두	도

달	기
딸	가

제	로
체	리

불	블	배	이
르	루	베	리

귤	굴

꼭공능력: 한글 / 어휘 / 맞춤법 / 문장 / 독해

사	가
과	괴

이	키
위	워

| 간 | 감 |

나는야 양파!
나는 과일 아니니까
내 이름은 찾지 마.

파	공
인	어
애	플
호	폴

오	린	자
아	렌	지

선	복	란
봉	숭	아

1권 63

덧셈식 쓰고 읽기

모으거나 늘어나는 상황은 덧셈식으로 나타내요.

덧셈식 3+5=8

읽기 3 더하기 5는 8과 같습니다.
3과 5의 합은 8입니다.

1 덧셈식을 쓰고 읽으세요.

'+'와 '='를 사용해서 식을 쓰고,

덧셈식 _____

읽기 _____

'더하기'와 '같습니다'를 사용해서 읽어 봐.

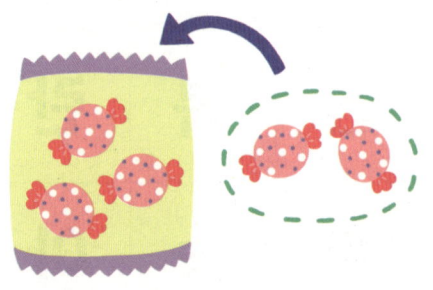

덧셈식 _____

읽기 _____

'합'을 사용해서 읽어 봐.

꼭공능력: 개념 | 연산 | 문장제 | 문제해결 | 추론

2 알맞은 것끼리 선으로 이으세요.

TIPTALK 그림을 보고 아이와 함께 이야기를 만들어 보세요.
"치킨 2조각이 있었는데, 2조각을 더 받았네? 그러면 모두 몇 조각이 될까?"

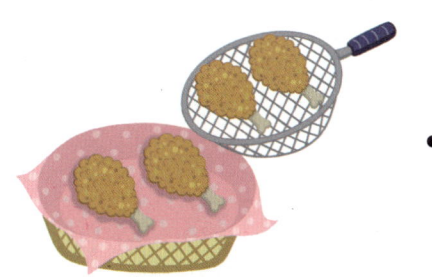

•   • 3+4=7

숟가락과 포크는 모두 몇 개?

•   • 2+2=4

•   • 5+4=9

•   • 2+1=3

당근이 딱이야

토끼야, 토끼야.
도토리 어때?
도토리는 딱딱해.

토끼야, 토끼야.
도라지 어때?
도라지는 *텁텁해.

토끼는 토끼는
*다디단 당근이 딱이야.
토끼는 당근이 제일 좋아.

* 텁텁하다: 입안이 시원하거나 깨끗하지 못하다.
* 다디달다: 매우 달다.

1 글을 읽고 알맞은 답에 ○ 하세요.

- 누가 나오나요? 　　　　　　　토끼　　다람쥐

- 도토리는 어때요? 　　　　　　달다　　딱딱하다

- 텁텁한 것은 무엇인가요? 　　도토리　　도라지

- 토끼가 좋아하는 것은 무엇인가요? 　당근　　도토리

2 ㄴ(니은), ㄷ(디귿), ㅌ(티읕), ㄸ(쌍디귿)이 들어간 낱말을 또박또박 쓰세요.

토	끼
토	끼

도	토	리
도	토	리

도	라	지
도	라	지

어	때
어	때

텁	텁
텁	텁

딱	딱
딱	딱

당	근
당	근

1권 67

28 덧셈 연습 ①

1 덧셈을 하세요.

예) 1+2=3

4+2=   5+0=

3+4=   5+4=   3+1=

2+6=   0+1=   1+8=

1+1=   6+3=   5+2=

3+2=   4+4=   3+3=

2. 과녁에 맞힌 점수를 모아서 □ 안에 쓰세요.

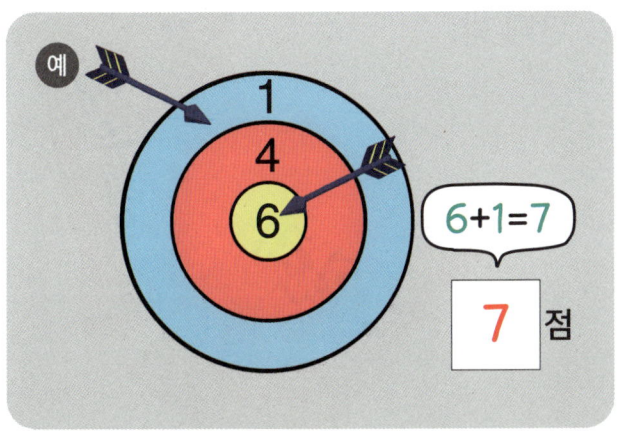

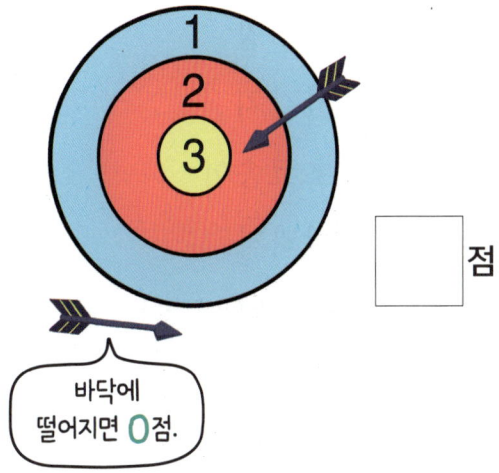

바닥에 떨어지면 0점.

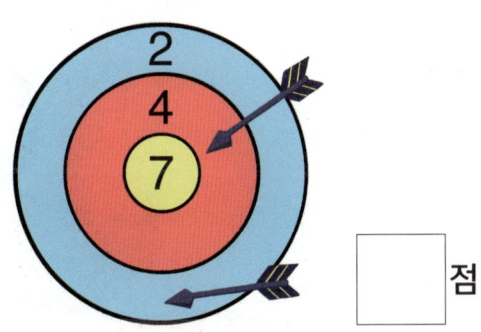

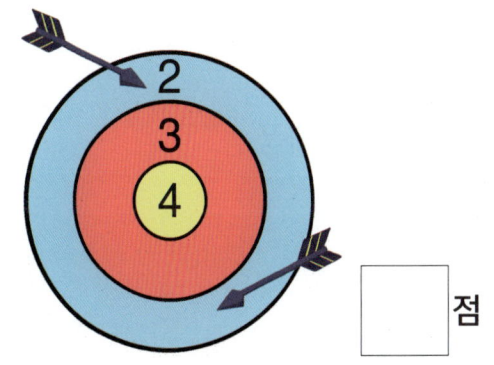

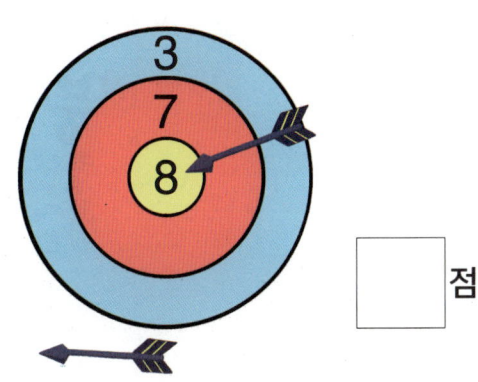

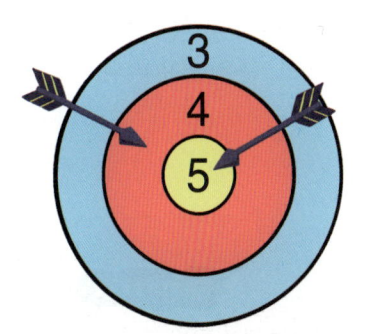

초성으로 과자 이름 맞히기

다음 초성으로 시작하는 과자 이름을 말해 봐.

ㅅ   새우깡
ㅈ   자갈치
ㅊ   초코송이
ㅆ   쌀과자
ㅉ   쭈쭈바

쭈쭈바는 아이스크림이지.

짜요짜요?
그건 *유제품.

ㅉ ㅉ ㅉ …….
쫀드기!

*유제품: 우유를 이용하여 만든 식품을 통틀어 이르는 말. 버터, 치즈, 분유, 연유 따위가 있다.

아이가 좋아하는 과자 이름에는 어떤 자음이 초성으로 들어가 있는지 말해 보게 하세요.

1 글을 읽고 물음에 답하세요.

- ㅅ으로 시작하는 과자 이름은?   　새우깡　　알새우칩

- ㅈ으로 시작하는 과자 이름은?　　자갈치　　초코송이

- ㅉ으로 시작하는 아이스크림 이름은?　　쫀드기　　쭈쭈바

- ㅅ, ㅈ, ㅊ, ㅆ, ㅉ으로 시작하는 다른 과자 이름을 말해 보세요.

2 ㅅ(시옷), ㅈ(지읒), ㅊ(치읓), ㅆ(쌍시옷), ㅉ(쌍지읒)이 들어간 낱말을 또박또박 쓰세요.

새	우	깡
새	우	깡

자	갈	치
자	갈	치

쌀	과	자
쌀	과	자

쭈	쭈	바
쭈	쭈	바

쫀	드	기
쫀	드	기

초	성
초	성

덧셈 연습 ②

1 덧셈을 하세요.

6+1=   5+3=   2+2=

2+3=   1+5=   1+7=

0+2=   3+6=   2+4=

1+3=   4+3=   1+0=

2+1=   1+4=   8+1=

2 문제를 잘 읽은 다음 식을 세우고 답을 구하세요.

인형을 소희는 1개,
해주는 2개 샀습니다.
두 사람이 산 인형은 모두 몇 개일까요?

식   1+2=

답   개

도서관에 어린이가 4명 있었는데
5명이 더 왔습니다.
어린이는 모두 몇 명일까요?

식

답   명

접시가 3개 있어요.
컵은 접시보다 2개 더 많아요.
컵은 몇 개일까요?

식

답   개

혜진이와 승호는 색종이를
각각 4장씩 가지고 있습니다.
두 사람이 가진 색종이는 모두 몇 장일까요?

식

답   장

도화지의 환영 인사

색깔 이름에서 ㄹ(리을), ㅇ(이응), ㅎ(히읗)이 들어간 글자를 찾을 수 있게 지도해 주세요.

빨강이구나!

주황, 안녕?

노랑아, 반가워.

연두다!

하늘색이 안 보이네.

파랑아, 어서 와.

보라도 환영해.

1 글을 읽고 물음에 답하세요.

- 도화지는 누구에게 인사하고 있나요?　　연필　　크레파스

- 이름에 받침 ㄹ이 들어간 색깔을 말해 보세요.

- 도화지는 어떤 색이 안 보인다고 했나요?　　흰색　　하늘색

- 이름에 ㅇ이나 ㅎ이 들어간 색깔을 말해 보세요.

2 ㄹ(리을), ㅇ(이응), ㅎ(히읗)이 들어간 낱말을 또박또박 쓰세요.

색	깔	주	황	노	랑	연	두	하	늘
색	깔	주	황	노	랑	연	두	하	늘

파	랑	보	라	반	가	워	환	영	해
파	랑	보	라	반	가	워	환	영	해

덧셈 연습 ③

1 덧셈을 하세요.

5+1=   2+5=   4+1=

6+3=   9+0=   1+6=

0+3=   4+2=   1+1=

7+2=   2+6=   3+1=

2+3=   3+4=   7+1=

2. 수를 가로 또는 세로로 묶어서 덧셈식을 5개 만드세요.

33 종합 — 꼭꼭 복습

★ 그림을 보고 물음에 답하세요. [1-7]

1 이곳은 어디인가요?
 독해

가게 　 병원

2 기린이 하는 일은 무엇인지 알맞은 말을 골라 쓰세요.
한글

개산 　 계산

3 바구니에 담긴 빵은 모두 몇 개일까요? 덧셈식을 쓰세요.
개념

덧셈식 _____

4 흰 고양이가 고른 생선은 무엇인지 글자의 짜임을 생각하며 쓰세요.
한글

| ㄱ | ㅊ |

5 가게에서 바나나 1개와 레몬 5개를 샀습니다. 가게에서 산 과일은 모두 몇 개일까요?

식 _____

답 _____ 개

6 하마의 카트 속에 있는 물건을 모두 찾아 ○ 하세요.

> 우유   케첩   화장지
> 과자   딸기잼   토마토

7 각 동물들이 찾는 과일은 무엇인지 선으로 잇고 따라 쓰세요.

8 모으기를 하세요.

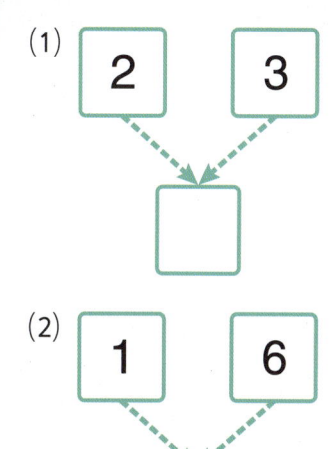

9 덧셈을 하세요.

(1) 2+4=   (2) 1+8=

(3) 4+3=   (4) 6+2=

10 빈칸에 알맞은 수를 쓰세요.

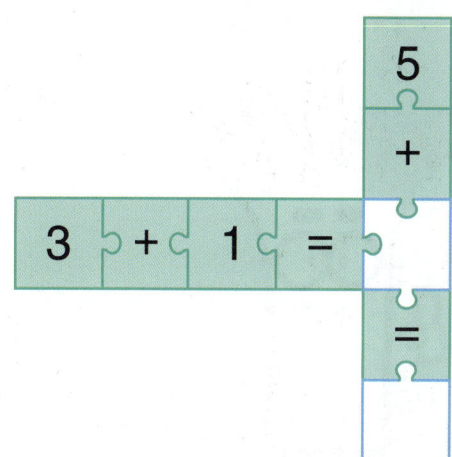

꼭공 국어 수학

34~44

내가 어휘왕이란 소문 들었어?
다양한 어휘들을 읽고 써 보자.

집중해서 3분 안에 풀기 연습~!
뺄셈 천재가 될 테야.

학습 계획표

꼭공 내용	꼭공 능력	공부한 날
34 머리 어깨 무릎 발	한글 **어휘** 맞춤법 문장 독해	/
35 어떻게 가를 수 있을까?	**개념** **연산** 문장제 문제해결 추론	/
36 우리 가족	한글 **어휘** 맞춤법 문장 독해	/
37 뺄셈식 쓰고 읽기	**개념** 연산 문장제 문제해결 추론	/
38 학교 다녀오겠습니다	한글 **어휘** 맞춤법 문장 독해	/
39 뺄셈 연습 ①	개념 **연산** 문장제 **문제해결** 추론	/
40 정다운 이웃	한글 **어휘** 맞춤법 문장 독해	/
41 뺄셈 연습 ②	개념 **연산** **문장제** 문제해결 추론	/
42 안녕? 안녕!	한글 **어휘** 맞춤법 **문장** 독해	/
43 뺄셈 연습 ③	개념 **연산** 문장제 **문제해결** 추론	/
44 꼭공 복습	**국어** **수학**	/

머리 어깨 무릎 발

몸과 관련 있는 낱말을 알아볼까요?
그림에 표시되지 않은 몸과 관련된 다른 낱말을 떠올려 봐도 좋아요.
예를 들면 '머리 – 머리카락!'처럼요.

1 몸과 관련 있는 낱말의 붙임딱지를 붙여 보세요.

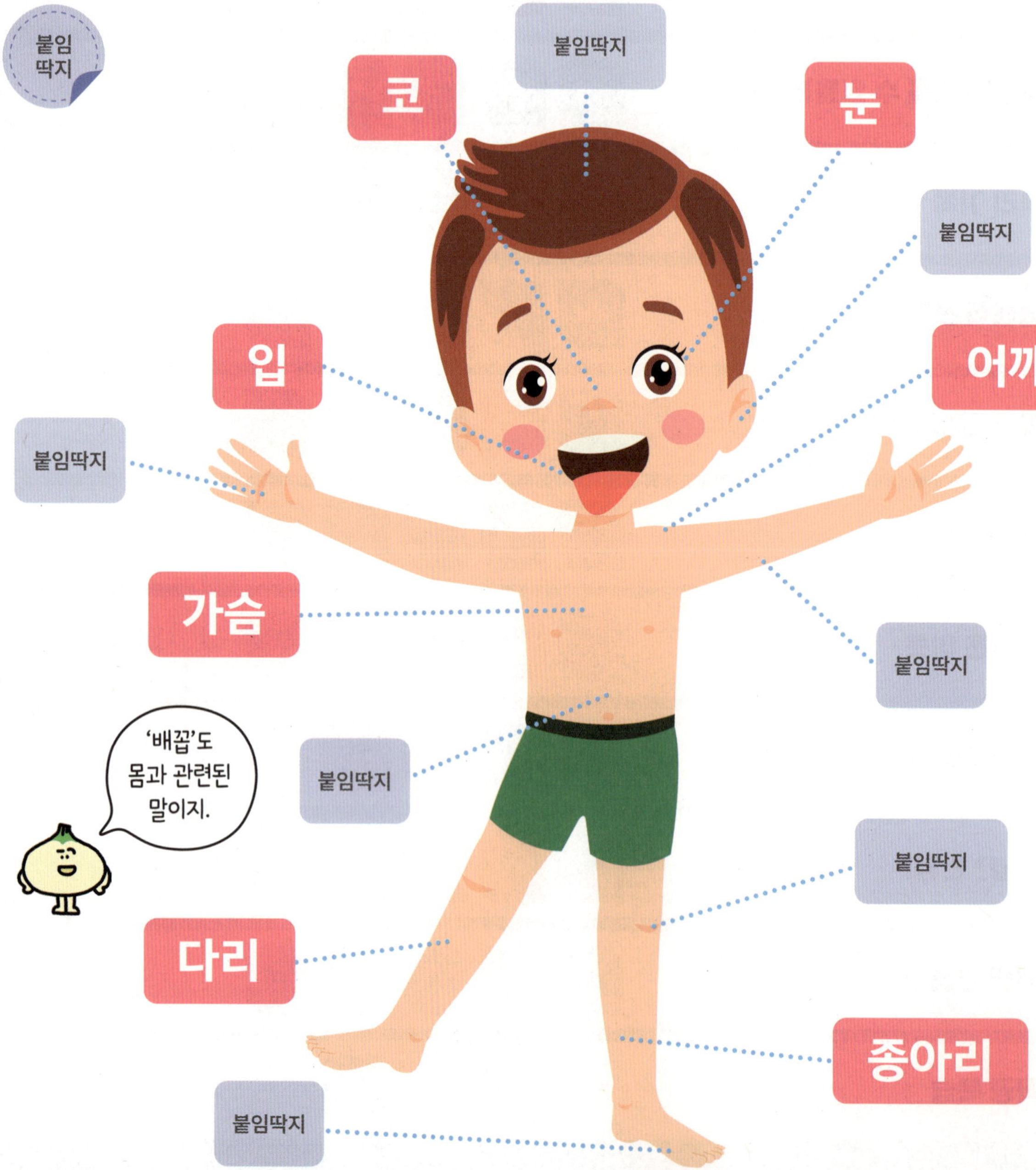

- 코
- 눈
- 입
- 어깨
- 가슴
- 다리
- 종아리

'배꼽'도 몸과 관련된 말이지.

눈, 입, 손 등으로 할 수 있는 일이 무엇이 있을지 함께 얘기해 보세요.

2 그림을 보고 몸의 각 부분과 그 부분이 하는 일을 나타낸 낱말을 쓰세요.

| 눈 눈 |  | 보 다 | 보 다 |

| 코 코 | 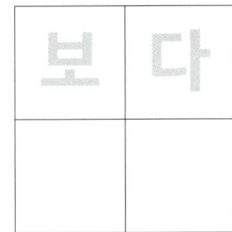 | 맡 다 | 맡 다 |

| 입 입 |  | 먹 다 | 먹 다 |

| 귀 귀 |  | 듣 다 | 듣 다 |

| 손 손 |  | 만 지 다 | 만 지 다 |

35
수학

어떻게 가를 수 있을까?

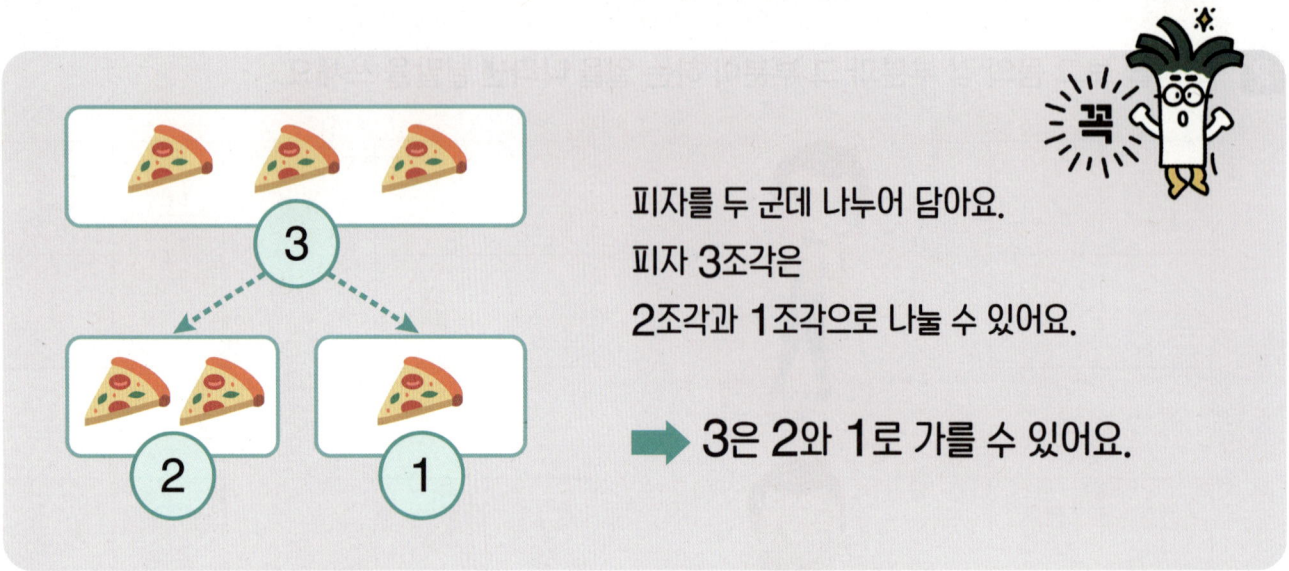

피자를 두 군데 나누어 담아요.
피자 3조각은
2조각과 1조각으로 나눌 수 있어요.

➡ 3은 2와 1로 가를 수 있어요.

1 나뉜 음식의 수만큼 ○를 그리고, ◯ 안에 알맞은 수를 쓰세요.

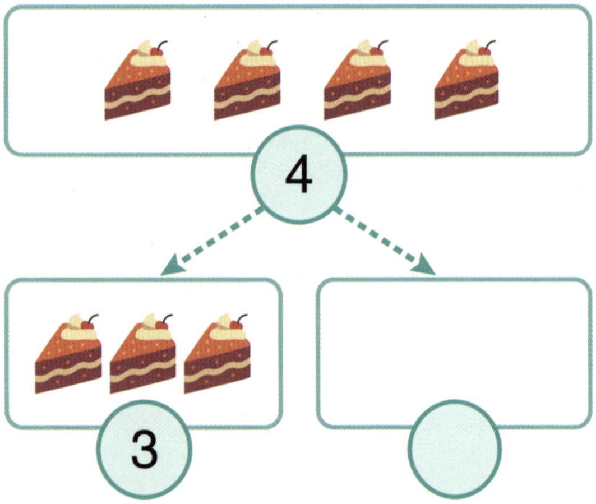

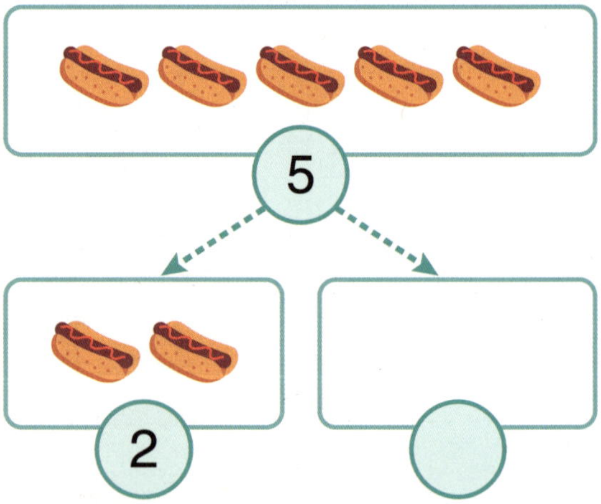

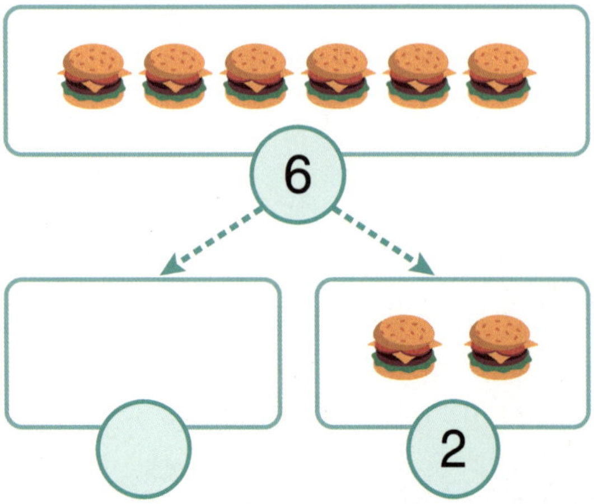

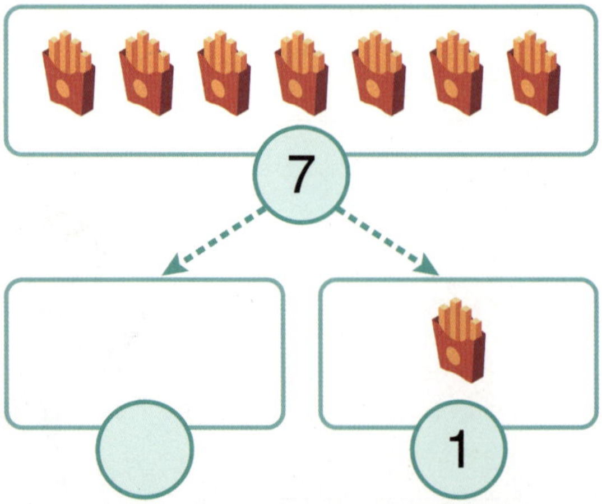

2 가르기를 하세요.

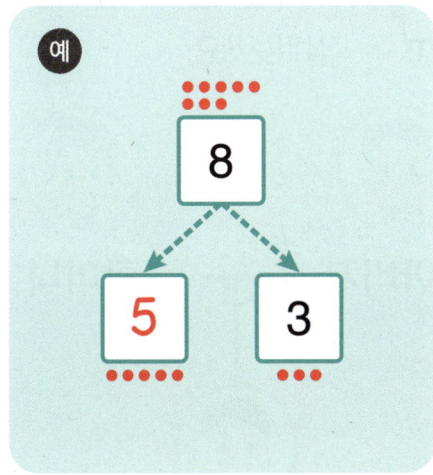
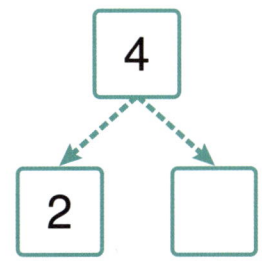
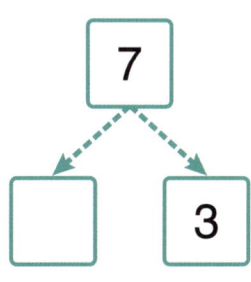

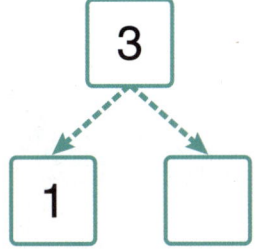
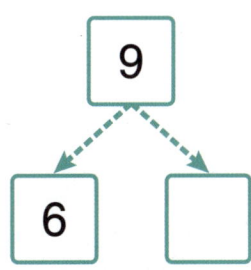
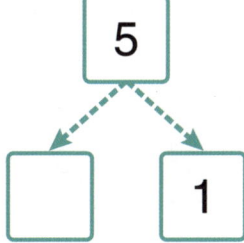

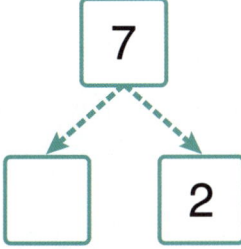
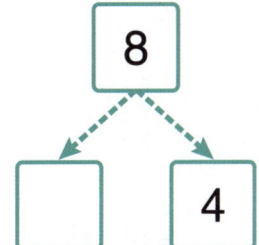
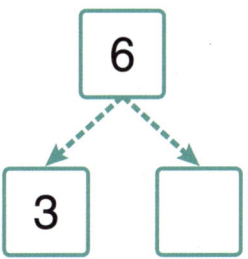

우리 가족

1. 가족과 관련 있는 낱말을 알아보고 따라 쓰세요.

아	버	지
아	빠
어	머	니
엄	마
형	오	빠
누	나	언	니

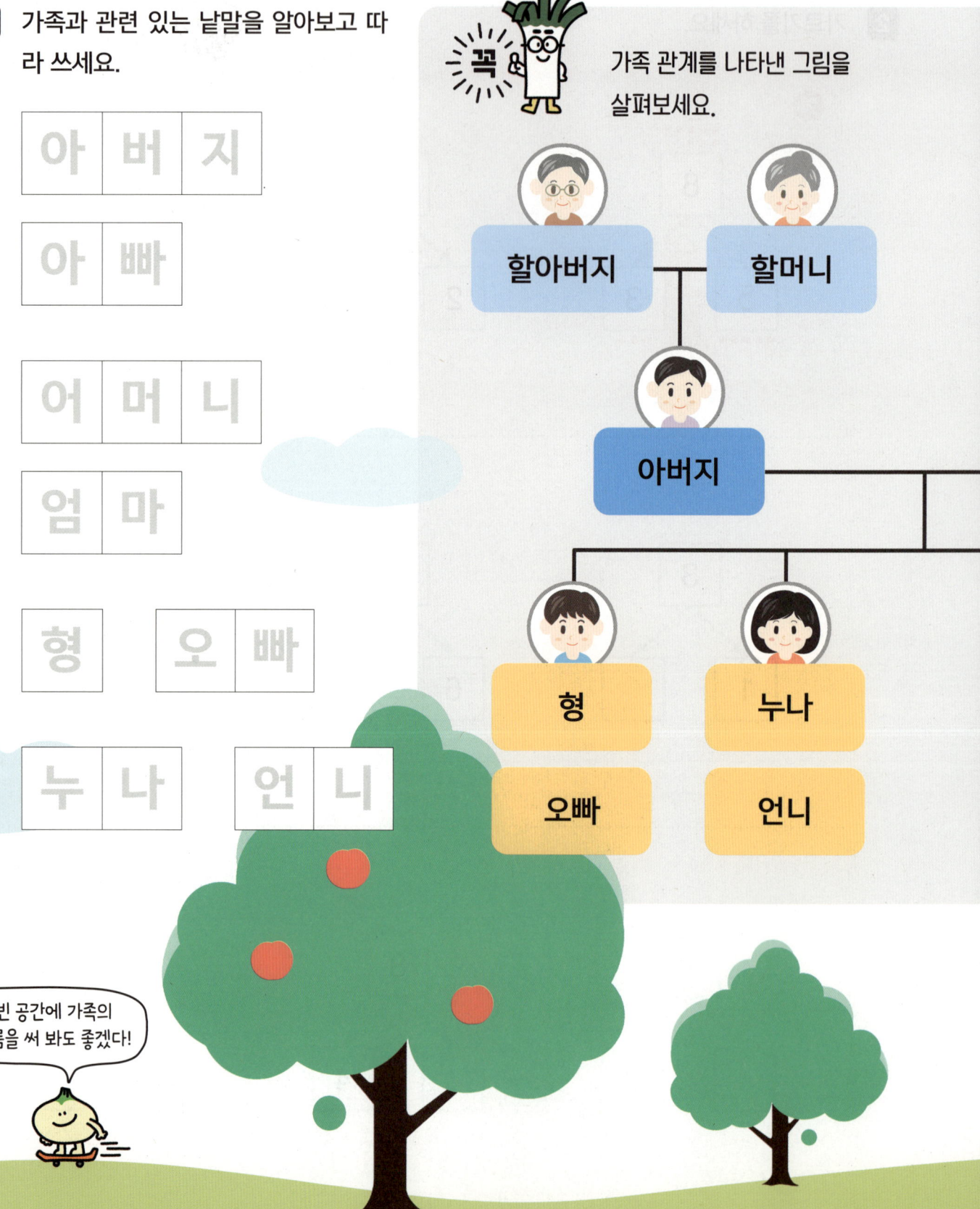

가족 관계를 나타낸 그림을 살펴보세요.

빈 공간에 가족의 이름을 써 봐도 좋겠다!

꼭공능력 한글 **어휘** 맞춤법 문장 독해

가계도를 보면서 우리 가족 구성원에 대해 이야기를 나누어 보세요.

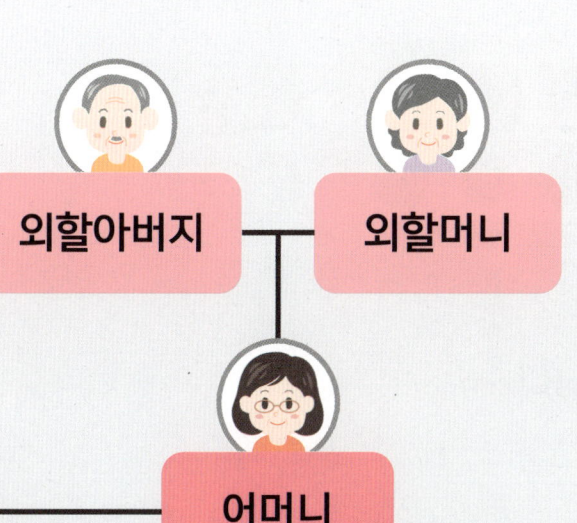

| 할 | 아 | 버 | 지 |

| 외 | 할 | 아 | 버 | 지 |

| 할 | 머 | 니 |

| 외 | 할 | 머 | 니 |

| 동 | 생 |

| 우 | 리 | 가 | 족 |

내가 남자인지 여자인지에 따라
나보다 나이가 많은 형제를 부르는 말이 달라요.

뺄셈식 쓰고 읽기

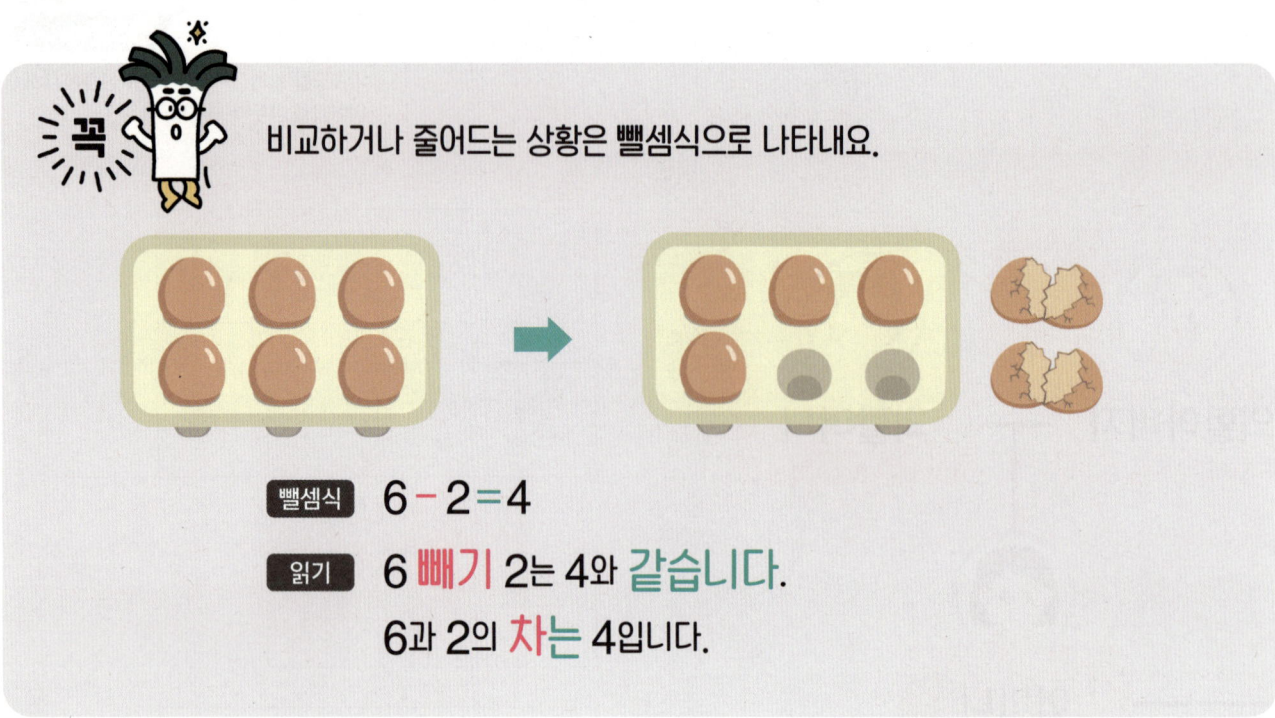

비교하거나 줄어드는 상황은 뺄셈식으로 나타내요.

뺄셈식 6 - 2 = 4

읽기 6 빼기 2는 4와 같습니다.
6과 2의 차는 4입니다.

1 뺄셈식을 쓰고 읽으세요.

'-'와 '='를 사용해서 식을 쓰고,

뺄셈식 9-

읽기

'빼기'와 '같습니다'를 사용해서 읽어 봐.

뺄셈식

읽기

'차'를 사용해서 읽어 봐.

2 알맞은 것끼리 선으로 이으세요.

예

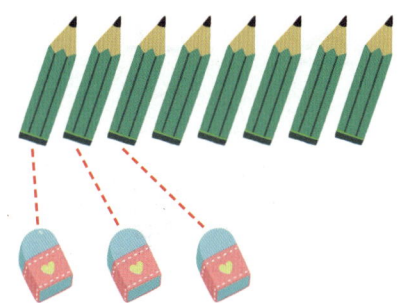

• 9-3=6

• 5-4=1

• 7-4=3

• 8-3=5

그림을 보고 아이와 함께 이야기를 만들며 뺄셈 개념을 이해할 수 있도록 도와주세요. "바나나 7개가 있었는데 그중 4개를 먹었어. 바나나의 수는 어떻게 됐을까? 줄었을까, 늘었을까?"

학교 다녀오겠습니다

1 글자판에서 학교와 관련 있는 낱말을 찾아 ○ 하세요. (모두 13개)

예 교	실	소	더	의	자	도
지	내	화	너	구	바	무
사	우	교	송	리	책	실
물	동	과	서	무	상	운
함	월	일	색	종	이	동
독	전	책	가	방	선	장
컴	칠	판	인	충	친	주
선	생	님	힘	스	구	단
치	주	보	연	필	길	거

꼭공능력 | 한글 | 어휘 | 맞춤법 | 문장 | 독해

 교실 풍경을 보면서 학교와 관련 있는 낱말을 떠올려 봐!

2 **1**에서 찾은 낱말들을 빈칸에 또박또박 쓰세요.

교	실		친	구				

뺄셈 연습 ①

1 뺄셈을 하세요.

예) 3-1=2   4-3=   9-0=

6-6=   7-2=   7-4=

8-5=   9-3=   5-4=

4-2=   5-2=   9-5=

2-1=   6-2=   8-3=

2 두 수의 차가 2인 수끼리 선으로 이으세요.

내 짝꿍은 누구일까?
3-2=?
3+2=?

정다운 이웃

1 우리 동네에서 일하는 사람들을 찾아 붙임딱지를 붙이고 그 장소를 쓰세요.

뺄셈 연습 ②

1 뺄셈을 하세요.

7-3=   9-1=   6-1=

8-6=   5-0=   7-6=

5-5=   7-1=   9-6=

9-8=   4-4=   8-2=

8-4=   6-5=   9-2=

2 문제를 잘 읽은 다음 식을 세우고 답을 구하세요.

풍선이 9개 있었습니다.
그중에서 7개를 터뜨렸다면
남은 풍선은 몇 개일까요?

식 _9-7=_____

답 _____ 개

예빈이네 농장에는 소가 8마리,
돼지가 7마리 있습니다.
소는 돼지보다 몇 마리 더 많을까요?

식 _____

답 _____ 마리

교실에 학생 6명이 있었는데,
한 명이 집에 갔습니다.
교실에 남아 있는 학생은 몇 명일까요?

식 _____

답 _____ 명

옷장에 모자가 5개,
목도리가 2개 있습니다.
목도리는 모자보다 몇 개 더 적을까요?

식 _____

답 _____ 개

안녕? 안녕!

1 말풍선에 들어갈 알맞은 인사말을 골라 ○ 하세요.

다녀오겠습니다. | 잘 다녀와.

안녕? | 괜찮습니다.

안녕하세요? | 잘 가.

고마워. | 미안해.

감사합니다. | 죄송합니다.

잘 자라. | 안녕히 계세요.

2. 다음 상황에 어울리는 인사말을 따라 쓰세요.

뺄셈 연습 ③

1 뺄셈을 하세요.

8-5=   4-2=   5-1=

9-3=   6-3=   8-0=

7-7=   2-1=   8-1=

9-5=   6-4=   7-3=

3-1=   9-9=   4-3=

2 계산 결과를 따라가면 도착하게 되는 장소에 ○ 하세요.

꼭공 복습

★ 그림을 보고 물음에 답하세요. [1-7]

1 이곳은 어디인지 쓰세요.

ㄱ	ㅇ

2 빈칸에 들어갈 알맞은 말을 골라 쓰세요.

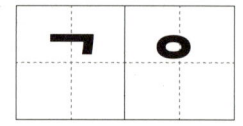
발 목 눈 머리

(1) _____(으)로 공을 찹니다.

(2) _____(으)로 책을 봅니다.

(3) _____에 안전모를 씁니다.

(4) 강아지 _____에 줄을 채웁니다.

3 나뭇가지에 남아 있는 새는 몇 마리일까요? 뺄셈식을 쓰세요.

뺄셈식 _____

4 강아지를 산책시키는 사람은 누구인지 글자의 짜임을 생각하며 쓰세요.

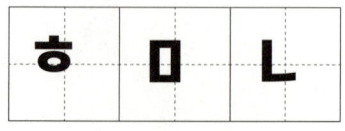

ㅎ	ㅁ	ㄴ

5 어린이 5명이 축구를 하고 있었습니다. 잠시 후 어린이 2명이 집에 갔습니다. 남아 있는 어린이는 몇 명일까요?

식 _____

답 _____ 명

6 말풍선에 들어갈 알맞은 인사말에 ○ 하세요.

| 미안해. 조심할게. |

| 괜찮아? 많이 아프겠다. |

7 말풍선에 들어갈 알맞은 인사말을 쓰세요.

8 가르기를 하세요.

(1)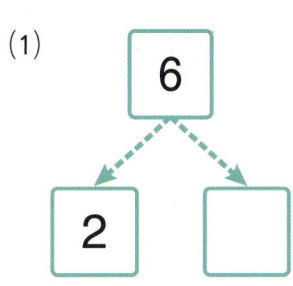

(2)
```
      9
     / \
    4   □
```

9 뺄셈을 하세요.

(1) $9-6=$ (2) $6-5=$

(3) $8-2=$ (4) $5-3=$

10 올바른 뺄셈식이 되도록 선으로 연결하고 식으로 나타내세요.

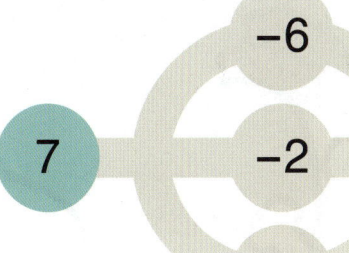

식 _____

꼭곰 국어 수학

45~55

덧셈일까, 뺄셈일까?

어떤 기호가 쓰였는지 똑똑히 살펴보자.

바라미 부러요~~

오잉? 소리 나는 대로 썼더니 **받침이 사라져 버렸어!**

· 학습 계획표 ·

	꼭공 내용	꼭공 능력					공부한 날
45	꼬끼오의 아침 인사	한글	어휘	맞춤법	문장	독해	/
46	기호에 따라 달라져	개념	연산	문장제	문제해결	추론	/
47	얼음[어름] 놀이[노리]	한글	어휘	맞춤법	문장	독해	/
48	덧셈일까, 뺄셈일까?	개념	연산	문장제	문제해결	추론	/
49	엄마가방에있다	한글	어휘	맞춤법	문장	독해	/
50	몇 개가 더 필요할까?	개념	연산	문장제	문제해결	추론	/
51	몬스터를 찾아라	한글	어휘	맞춤법	문장	독해	/
52	모르는 수 구하기	개념	연산	문장제	문제해결	추론	/
53	문장 부호	한글	어휘	맞춤법	문장	독해	/
54	나무토막 셈	개념	연산	문장제	문제해결	추론	/
55	꼭공 복습	국어		수학			/

꼬끼오의 아침 인사

꼬끼오, 아침을 깨우는 소리
세상은 조금씩 *소란하고요.

빼꼼, 해님이 고개를 들면
세상은 조금씩 밝아져요.

모두 안녕?

아침 인사를 나누며 하루를 열어요.
즐거운 마음으로 하루를 시작해요.

*소란하다: 시끄럽고 어수선하다.

꼭꼭 공부 능력 | 한글 | 어휘 | 맞춤법 | **문장** | **독해**

1 글을 읽고 알맞은 답에 ○ 하세요.

- 꼬끼오 / 빼꼼 은/는 아침을 깨우는 소리입니다.

- 해님이 고개를 들면 세상은 밝아집니다 / 어두워집니다 .

- 하루를 여는 아침 인사로 알맞은 것은 무엇인가요? 안녕? / 잘 자.

- 어떤 마음으로 하루를 시작하나요? 즐거운 마음 / 걱정스러운 마음

2 글에 나오는 문장을 또박또박 따라 쓰세요.

	해	님	이		고	개	를		들	면
세	상	은		밝	아	져	요	.		
	모	두		안	녕	?				
	아	침		인	사	를		나	누	며
하	루	를		열	어	요	.			
	즐	거	운		마	음	으	로		하
루	를		시	작	해	요	.			

46 기호에 따라 달라져

1 기호를 잘 보고 계산하세요.

- 4+3=
- 4−3=

- 5+1=
- 5−1=

- 3+2=
- 3−2=

- 6+3=
- 6−3=

- 7+1=
- 7−1=

- 5+3=
- 5−3=

- 4+2=
- 4−2=

- 3+3=
- 3−3=

- 2+0=
- 2−0=

2. 악어를 피해 강을 건너야 해요.
기호를 잘 살펴보면서 올바른 계산식이 되도록 선을 이으세요.

얼음[어름] 놀이[노리]

'걸음'은 [걸음]이 아니라 [거름]이라고 읽어요.
이렇게 받침이 있는 글자 뒤에 'ㅇ'이 오면, 받침이 뒷말 첫소리로 소리 나요.
'얼음'도 [어름]이라고 읽고, 쓸 때는 받침을 살려서 '얼음'이라고 써요.

1 다음 낱말을 소리 내어 읽고 받침을 살려 바르게 쓰세요.

국어[구거]

놀이[노리]

나들이[나드리]

악어[아거]

얼음[어름]

일요일[이료일]

음악[으막]

웃음[우슴]

벗어요[버서요]

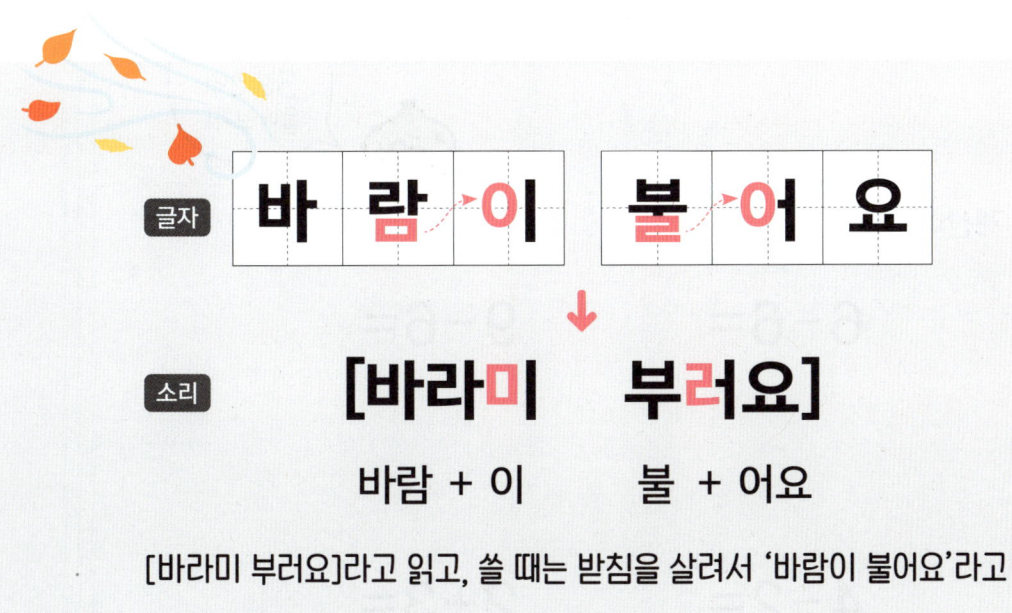

TIPTALK

글자와 소리가 다른 낱말은 받아쓰기에서도 자주 틀리기 때문에 꼭 소리 내어 읽고 그 차이를 알게 지도해 주세요.

[바라미 부러요]라고 읽고, 쓸 때는 받침을 살려서 '바람이 불어요'라고 써요.

2 다음 문장을 소리 내어 읽고 빈칸에 쓰세요.

옷을 입어요[오슬 이버요].

웃으며 걸어요[우스며 거러요].

놀이터에서 놀아요[노리터에서 노라요].

48 덧셈일까, 뺄셈일까?

1 기호를 잘 보고 계산하세요.

2+0=   6-6=   9-6=

7-3=   4-2=   2+3=

6+3=   1+3=   7-0=

0+5=   3-2=   2+6=

5-2=   3+5=   8-5=

2 문제를 잘 읽은 다음 식을 세우고 답을 구하세요.

> 덧셈인지 뺄셈인지 잘 구분해야 돼!

장미 3송이가 꽂혀 있는 꽃병에
튤립 4송이를 더 꽂았습니다.
꽃병에 꽂힌 꽃은 모두 몇 송이일까요?

식 _____

답 _____ 송이

도로에 흰색 자동차 6대와
검은색 자동차 4대가 있습니다.
흰색 자동차는 검은색 자동차보다
몇 대 더 많을까요?

식 _____

답 _____ 대

창고에 축구공 8개가 있었습니다.
찢어진 축구공 3개를 버렸다면
창고에 남은 축구공은 몇 개일까요?

식 _____

답 _____ 개

선생님께서 빨간색 풍선 5개와
파란색 풍선 4개를 불었습니다.
선생님은 풍선을 모두 몇 개 불었을까요?

식 _____

답 _____ 개

엄마가방에있다

1 다음 문장을 어떻게 읽어야 할까요?
띄어 읽기에 따라 문장의 뜻이 어떻게 달라지는지 생각해 보세요.

엄마가방에있다.

엄마 가방 속에 뭔가가 있나 봐.

엄마 가방에 있다.

엄마가 방에 있다.

오늘밤나무를심자.

오늘 밤나무를 심자.

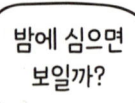
밤에 심으면 보일까?

오늘 밤 나무를 심자.

우선 띄어쓰기가 되지 않은 문장을 소리 내어 읽어 보게 하세요. 그런 후에 어디에서 띄어 읽어야 그림에 알맞은 문장이 되는지 확인하면서 띄어쓰기의 중요성을 일깨워 주세요.

나물좀줘.

나 물 좀 줘.

나물 좀 줘.

*나물: 고사리, 도라지 등의 사람이 먹을 수 있는 풀이나 나뭇잎.

밤새운거야?

*밤새운 거야?

*밤새우다: 잠을 자지 않고 밤을 보내다.

밤새 운 거야?

50 수학

몇 개가 더 필요할까?

1 구슬 9개로 팔찌를 만들었습니다. 천에 가려진 구슬을 그려 보고, □의 값을 구하세요.

 TIPTALK

6+□=9를 9-6=□와 같이 변형하여 풀기보다는 9개가 되기 위해 구슬이 몇 개 더 필요한지 직관적으로 유추하는 방식으로 지도해 주세요.

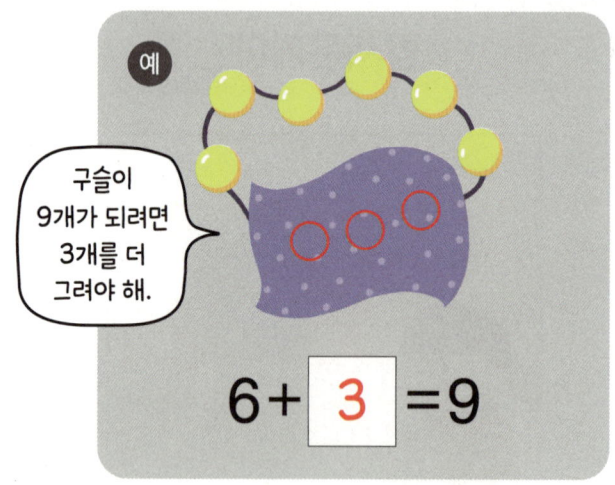

예

구슬이 9개가 되려면 3개를 더 그려야 해.

6 + 3 = 9

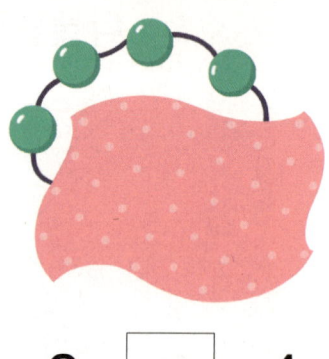

9 - □ = 4

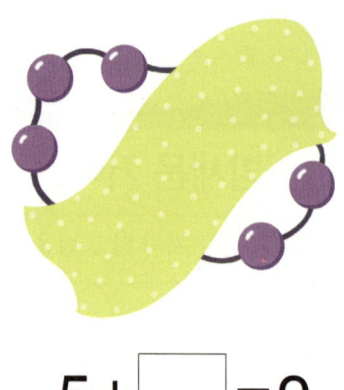

5 + □ = 9

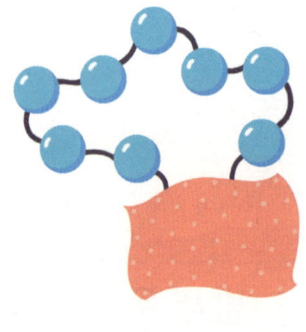

8 + □ = 9

덧셈식을 세울 수도 있고 뺄셈식을 세울 수도 있구나!

9 - □ = 3

9 - □ = 7

116 꼭공 1학년

꼭 공능력

2 양쪽에 놓인 구슬의 개수가 같아지도록 ○를 그리고 □ 안에 알맞은 수를 쓰세요.

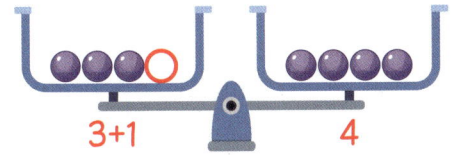

$3 + \boxed{} = 4$

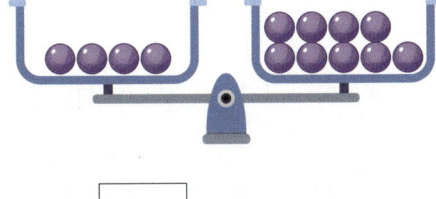

$\boxed{} + 4 = 9$

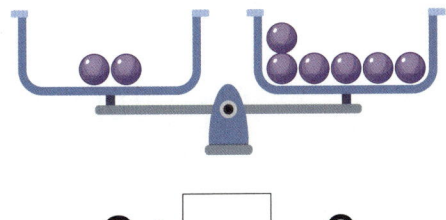

$2 + \boxed{} = 6$

3 양쪽에 놓인 구슬의 개수가 같아지도록 /으로 지우고 □ 안에 알맞은 수를 쓰세요.

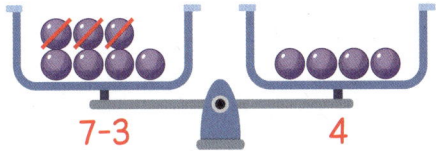

$7 - \boxed{} = 4$

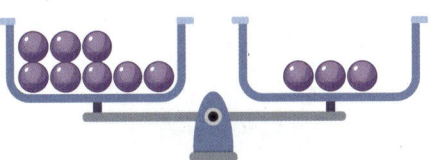

$8 - \boxed{} = 3$

$9 - \boxed{} = 7$

몬스터를 찾아라

51 국어

> **TIPTALK**
> 그림을 보면서 생김새를 알맞게 표현한 문장을 찾아보고, 반대로 문장을 읽고 설명에 알맞은 그림도 연결해 보세요.

1 몬스터 친구들의 생김새를 보고 알맞은 문장을 찾아 선으로 이으세요.

- 나는 날개가 있어.
- 나는 꼬리가 있어.

- 나는 눈이 세 개야.
- 나는 뿔이 세 개야.

- 나는 팔이 길어.
- 나는 다리가 많아.

2 몬스터 친구들의 특징을 설명한 문장을 읽고 알맞은 그림을 찾아 선으로 이으세요.

나는 눈이 하나,
입이 아주 커.

나는 뿔이 두 개,
손발이 뾰족뾰족해.

나는 눈이 세 개,
긴 뿔이 휘어져 있어.

모르는 수 구하기

1 기계 안에 알맞은 수를 쓰세요.

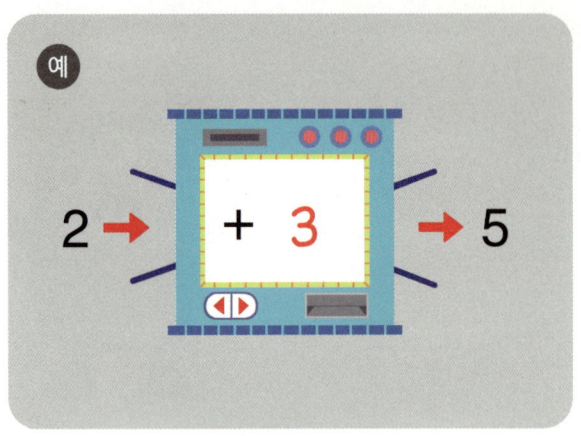

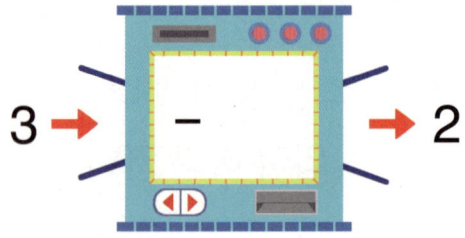

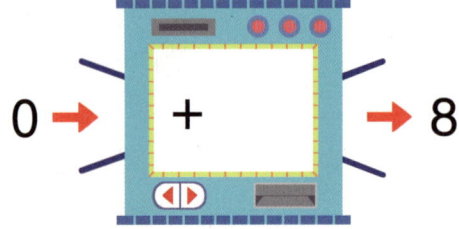

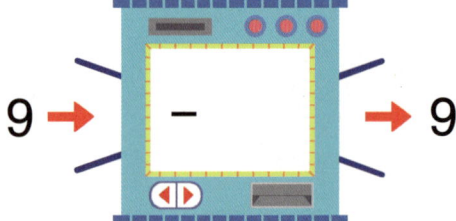

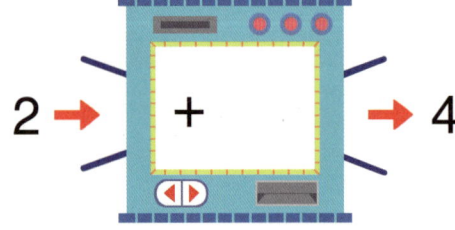

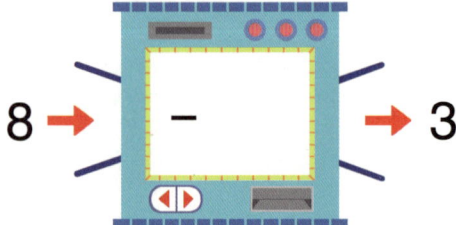

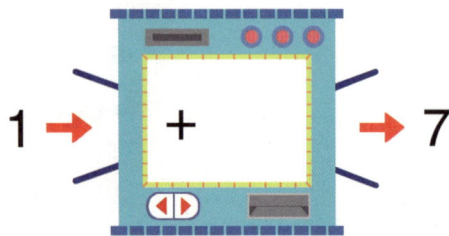

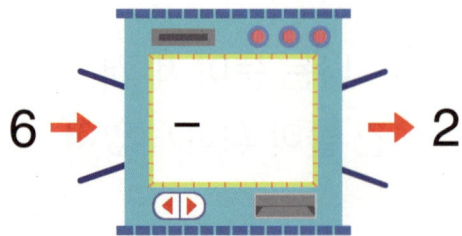

2 숫자가 열매에 가려져 있어요. 열매에 가려진 수는 무엇일까요?

4 − 🍈 = 3
🍎 + 🍈 = 7

참외는 1이었어.

🍈 = 1
🍎 = ☐

🍊 + 1 = 9
🍊 − 🍓 = 4

🍊 = ☐
🍓 = ☐

🍎 − 5 = 0
🍎 + 🟣 = 8

🍎 = ☐
🟣 = ☐

문장 부호

문장 부호는 문장의 뜻을 돕거나 문장을 구별해 읽고 이해하기 쉽도록 하는 여러 가지 부호를 말해요.
대답하는 '네.'와 물어보는 '네?'는 같은 '네'이지만 의미가 달라요.

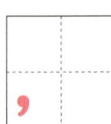
쉼표

→ 부르는 말이나 대답하는 말 뒤에 쓴다.

예) 엄마, 같이 가.
그래, 알겠어.

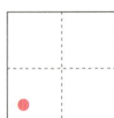
마침표

→ 설명하는 문장 끝에 쓴다.

예) 나는 1학년입니다.
고맙습니다.

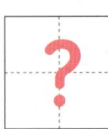
물음표

→ 묻는 문장 끝에 쓴다.

예) 안녕하세요?
누나, 어디 가는 거야?

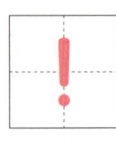
느낌표

→ 느낌을 나타내는 문장 끝에 쓴다.

예) 코끼리가 나타났다!
그거 좋은 생각이구나!

꼭 공 능력 한글 어휘 맞춤법 문장 독해

1 문장 부호의 이름을 말하고 바르게 쓰세요.

문장 부호의 모양에 신경 써서 십자 칸 안에 알맞게 쓸 수 있도록 지도해 주세요.

쉼표	마침표	물음표	느낌표
,	.	?	!
,	.	?	!

2 아빠와 딸의 대화를 읽고 빈칸에 알맞은 문장 부호를 쓰세요.

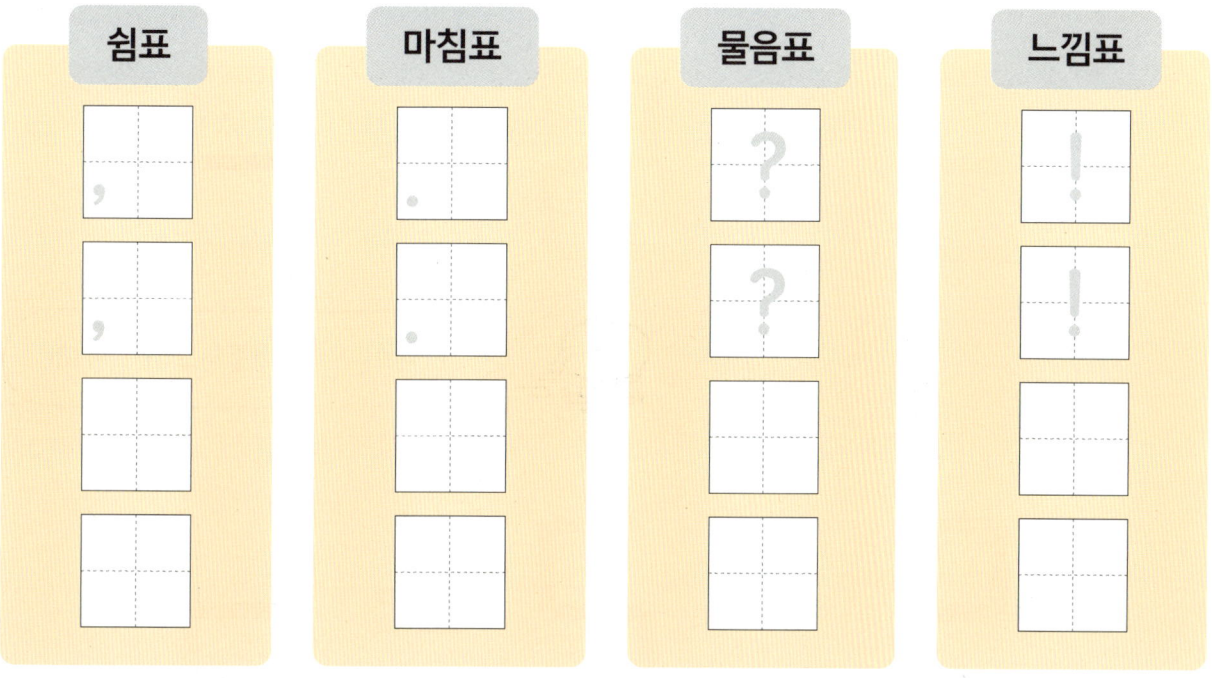

아빠 ☐ 아빠는 무슨 과일을 좋아해요 ☐

아빠는 사과를 좋아해 ☐

사과요 ☐ 음, 저는 딸기가 좋아요 ☐

아하 ☐ 딸기도 참 맛있지 ☐

나무토막 셈

숫자는 다음과 같이 나타낼 수 있어요.
0123456789

1 올바른 식이 되도록 나무토막 1개를 그려 보세요.

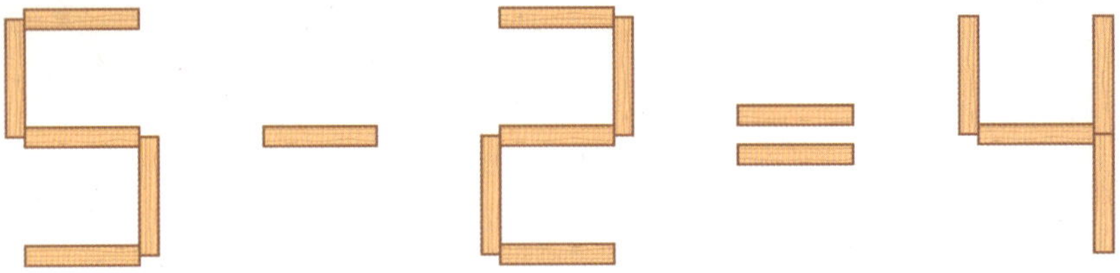

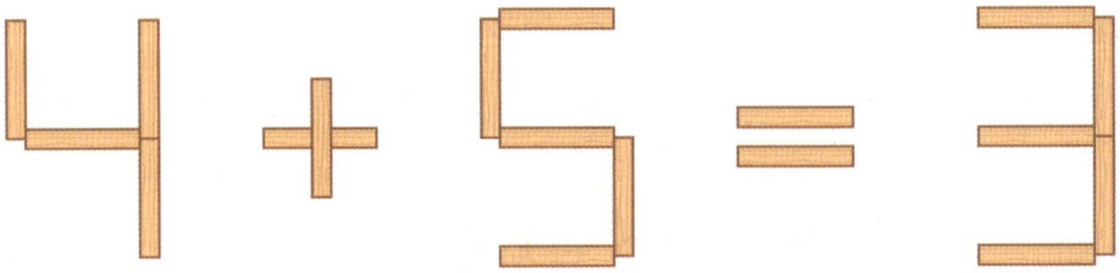

예) 3 + 5 = 8
□ 위에 나무토막 1개를 더 그리면 □이 돼!

5 - 2 = 4

4 + 5 = 3

9 - 6 = 1

2 올바른 식이 되도록 나무토막 1개를 옮겨 보세요.

꼭공 복습

★ 그림을 보고 물음에 답하세요. [1-7]

1 무엇을 파는 곳인지 쓰세요.

ㅎ	ㅅ	ㅁ

2 생선이 7마리 있었습니다. 고양이가 몰래 생선을 먹었더니 5마리만 남았습니다. 고양이는 생선을 몇 마리 먹었을까요?

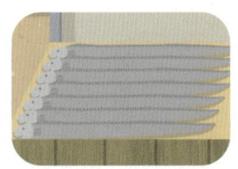   7 − ☐ = 5

3 소리 나는 대로 쓴 말을 읽어 보고, 받침을 살려 바르게 고쳐 쓰세요.

   [무너]

4 생선 9마리를 진열하려고 합니다. 몇 마리를 더 놓아야 할까요?

   6 + ☐ = 9

126 꼭공 1학년

5 다음 문장을 소리 내어 읽고, 받침을 살려 바르게 쓰세요.

> 생선을 팔아요.
> [생서늘 파라요]

_____

6 해산물 가게에 새우 8마리, 게 3마리가 있습니다. 새우는 게보다 몇 마리 더 많을까요?

식 _____

답 _____ 마리

7 가게 간판을 새로 만들려고 합니다. 띄어쓰기를 하여 완성하세요.

> 좋아해산물

_____

8 고양이의 생각을 읽고, 빈칸에 알맞은 문장 부호를 쓰세요.

9 올바른 식이 되도록 ○ 안에 +, − 기호를 쓰세요.

(1) 9 ○ 6 = 3

(2) 5 ○ 1 = 6

10 올바른 식이 되도록 나무토막 1개를 옮겨 보세요.

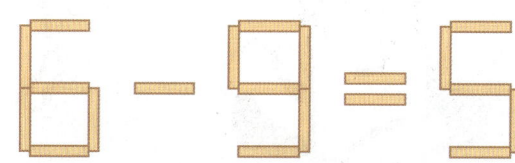

꼭공 국어 수학

56~66

문장을 배워 볼 차례야.
여러 가지 문장 구조를 알아볼까?

10, 20, 30, 40…
두 자리 수도 거뜬할 거야!

· 학습 계획표 ·

	꼭공 내용	꼭공 능력	공부한 날
56	띄어 읽기	한글 / 어휘 / 맞춤법 / **문장** / **독해**	/
57	모으기와 가르기	**개념** / 연산 / 문장제 / 문제해결 / 추론	/
58	많다 적다 길다 짧다	한글 / **어휘** / 맞춤법 / **문장** / 독해	/
59	십몇 익히기	**개념** / 연산 / 문장제 / 문제해결 / 추론	/
60	밖에 열렸다는 박	한글 / **어휘** / **맞춤법** / **문장** / 독해	/
61	십몇 모으기와 가르기	**개념** / 연산 / 문장제 / 문제해결 / 추론	/
62	우리는 무엇을 합니다	한글 / 어휘 / 맞춤법 / **문장** / 독해	/
63	몇 개일까?	**개념** / 연산 / 문장제 / 문제해결 / 추론	/
64	사자는 동물입니다	한글 / 어휘 / 맞춤법 / **문장** / 독해	/
65	수 나타내기	개념 / 연산 / **문장제** / **문제해결** / 추론	/
66	꼭공 복습	**국어** / **수학**	/

띄어 읽기

1 문장 부호에 따라 문장을 어떻게 띄어 읽어야 할지 알아보세요.

먼저 문장 부호를 모두 찾아보고, 소리 내어 읽어 봐.

> 아빠, 아빠는 무슨 과일을 좋아해요?
>
> 아빠는 사과를 좋아해.
>
> 사과요? 음, 저는 딸기가 좋아요.
>
> 아하! 딸기도 참 맛있지!

문장은 문장 부호에 따라 쉬어 읽어야 해요.

쉼표 `,` 뒤에는 ∨(쐐기표)를 하고 조금 쉬어 읽어요.
마침표 `.`, 물음표 `?`, 느낌표 `!` 뒤에는 ∨∨(겹쐐기표)를 하고
쉼표 `,` 보다 조금 더 쉬어 읽어요.
글이 끝나는 곳에는 ∨∨를 하지 않아요.

2 문장 부호에 따라 띄어 읽을 곳을 살펴보고 문장을 바르게 읽어 보세요.

∨ 뒤에서 조금 쉬어 읽고, ∨∨는 겹쐐기표라 조금 더 쉬어 읽어야 해.

> 아빠,∨아빠는 무슨 과일을 좋아해요?∨∨
>
> 아빠는 사과를 좋아해.∨∨
>
> 사과요?∨∨음,∨저는 딸기가 좋아요.∨∨
>
> 아하!∨∨딸기도 참 맛있지!

3 빈칸에 쐐기표(∨)나 겹쐐기표(∨)를 넣고 바르게 읽어 보세요.

할머니, ☐ 무슨 꽃을 좋아하세요? ☐

꽃이라면 무엇이든 좋지. ☐

딱 하나만 골라 보세요. ☐

할미는 할미꽃이 좋단다. ☐

할미꽃이요? ☐

그래, ☐ 보송보송 흰 털에 꼬부랑 할미를

닮은 할미꽃이 예쁘더구나. ☐

그럼 나도 할미꽃이 좋아요! ☐

나는 할머니를 제일 좋아하니까.

모으기와 가르기

1 10이 되는 짝꿍수를 찾으면 씨앗이 쑥쑥 자라요.
   빈 곳에 알맞은 수를 써넣어 잎과 뿌리를 완성하세요.

2 수를 모으거나 가르기 하세요.

10을 모으고 가르는 활동은 받아올림이 있는 덧셈과 받아내림이 있는 뺄셈의 기초가 됩니다. 아이가 어려워한다면 손가락 10개를 접으면서 접은 손가락과 펼친 손가락의 수를 세도록 지도해 주세요.

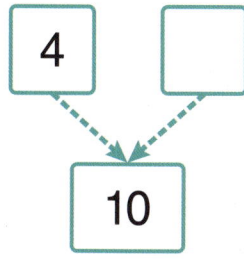 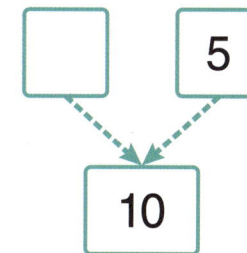 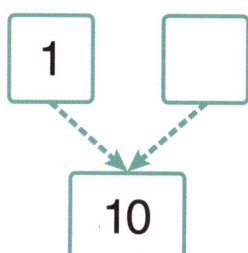

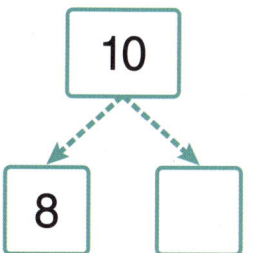 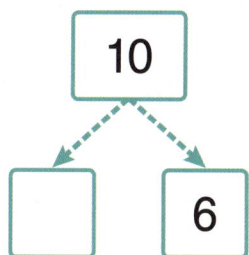 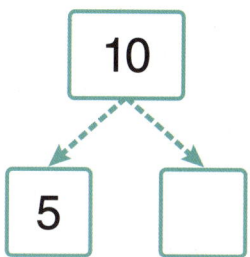

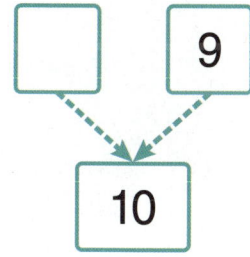 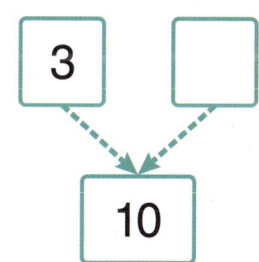 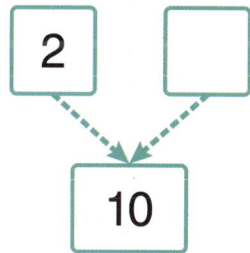

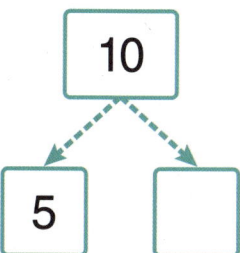 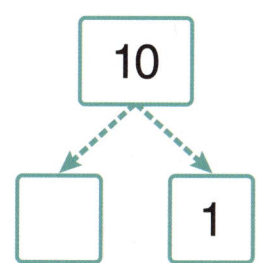 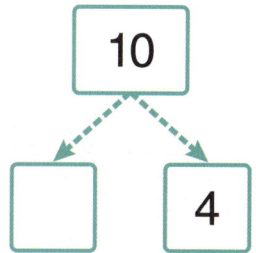

많다 적다 길다 짧다

꼭! 서로 **반대**되는 의미를 가진 낱말들이에요. 그림을 보며 낱말들의 의미 관계를 파악해 보세요.

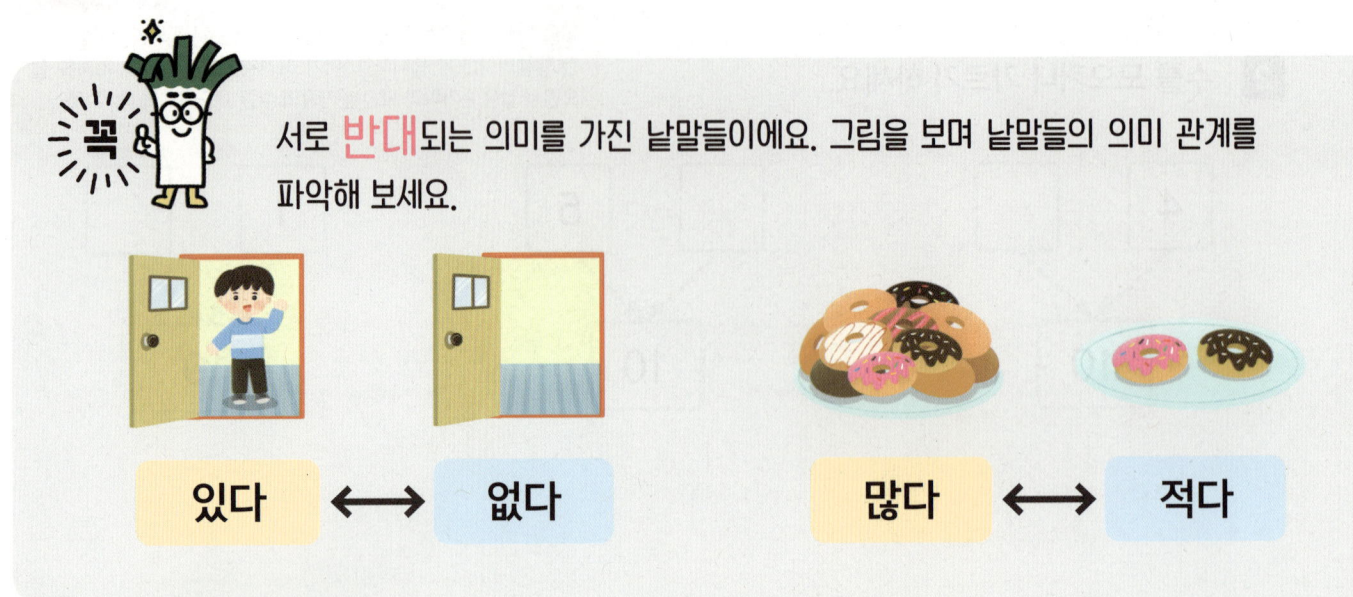

있다 ↔ 없다   많다 ↔ 적다

1 서로 반대되는 낱말을 써서 그림에 어울리는 문장을 완성하세요.

사탕이 한 개 　있　다　.

나무가 아주 　　　　　.

사탕이 하나도 　　　　　.

꽃은 너무 　적　다　.

머리가 길다.

바지가 　　.

자동차 도로는 　　.

자전거 도로는 좁다.

십몇 익히기

1 수를 소리 내어 읽고 수만큼 연결 모형을 색칠하세요.

수	읽기	
10	십 / 열	
11	십일 / 열하나	
12	십이 / 열둘	
13	십삼 / 열셋	
14	십사 / 열넷	
15	십오 / 열다섯	
16	십육 / 열여섯	
17	십칠 / 열일곱	
18	십팔 / 열여덟	
19	십구 / 열아홉	

낱개가 1개씩 많아져. (+1)

2 같은 수를 나타내는 것끼리 선으로 이으세요.

수량

읽기 십일   십삼   십사   십칠

읽기 열셋   열일곱   열하나   열넷

수 10 11 12 13 14 15 16 17 18 19

60 밖에 열렸다는 박

다음 문장 속 낱말의 받침을 살펴보세요.
'박, 밖, 렸'의 받침이 어떻게 다를까요?

밖에 박이 열렸어.

'박'의 받침은 ㄱ,
'밖'의 받침은 ㄲ입니다.
'렸'의 받침은 ㅆ이고요.

'밖'과 '렸'의 받침처럼 같은 자음자가 겹쳐서 된 받침을 **쌍받침**이라고 해요.

쌍받침에는 ㄲ(쌍기역), ㅆ(쌍시옷)이 있어요.

1 그림에 알맞은 낱말을 찾아 ○ 하고 빈칸에 쓰세요.

이를 닦다 / 닿다 . ☐☐

신발 끈을 묵다 / 묶다 . ☐☐

낚시터에	갓다 / 갔다	
고기를	낚았다 / 낮았다	
사과를	깎다 / 깍다	
맛있게	먹얻다 / 먹었다	
구슬이	잇다 / 있다	
구슬을	석었다 / 섞었다	
밥을	볶다 / 복다	
맛이	조았다 / 좋았다	

십몇 모으기와 가르기

1 고양이는 생선을 몇 마리 먹었을까요? 두 수를 모아서 알아볼까요?

2 고양이들이 생선을 사이좋게 나누어 먹었어요. 어떻게 나누어 먹었을까요?

> 6과 5를 모을 때는 6 다음 수인 7부터 "칠, 팔, 구, 십, 십일"로 5번 이어 세기를, 13을 가를 때는 13 바로 앞의 수인 12부터 "십이, 십일, 십, 구, 팔, 칠, 육"으로 7번 거꾸로 세기를 하면, 그림 없이도 수를 모으거나 가를 수 있습니다.

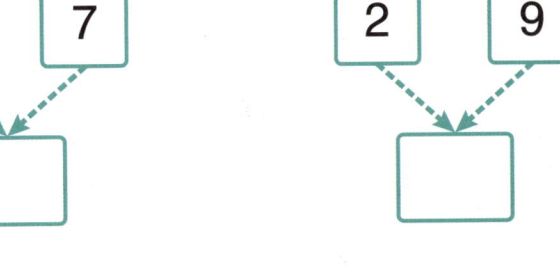

3 수를 모으거나 가르기 하세요.

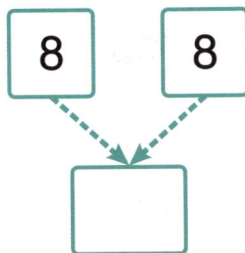 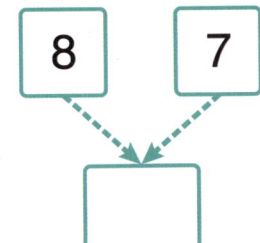

우리는 무엇을 합니다

1 그림에 알맞은 문장을 찾아 ○ 하세요.

아빠와 나는 축구를 합니다.

아빠와 나는 술래잡기를 합니다.

우리는 햄버거를 먹습니다.

우리는 햄버거를 만듭니다.

아빠와 나는 자전거를 탑니다.

아빠와 나는 자전거를 삽니다.

아빠가 썰매를 끌어 주십니다.

아빠가 썰매를 만들어 주십니다.

2 그림에 알맞은 문장을 쓰세요.

	아	빠	와		나	는
축	구	를		합	니	다.

첫 칸은 비우고 앞에서 고른 문장을 써 보자.

를						

						다.

더 쓸 칸이 없을 때는 마침표를 한 칸에 쓰세요.

몇 개일까?

두 자리 수는 10개씩 묶음의 수에 따라 정해진 이름이 있어요.

10개씩 묶음 2개	10개씩 묶음 3개	10개씩 묶음 4개	10개씩 묶음 5개
	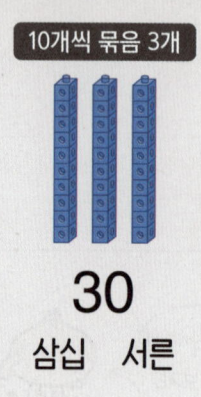	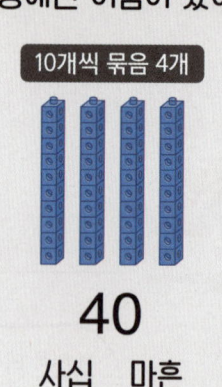	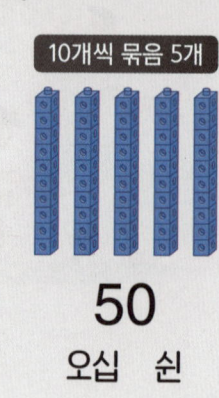
20	30	40	50
이십 스물	삼십 서른	사십 마흔	오십 쉰

1 수를 세고 읽으세요.

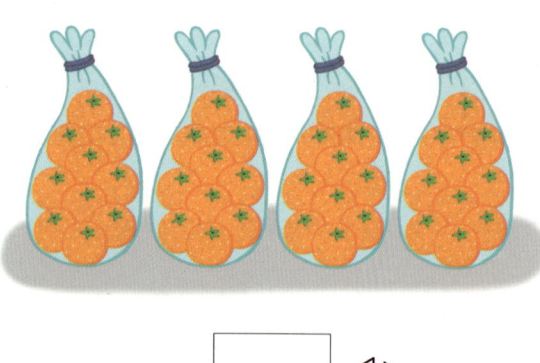

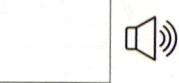

두 자리 수는 **10개씩 묶음**의 수와 **낱개**의 수로 나타낼 수 있어요.

10개씩 묶음 2개, 낱개 3개	10개씩 묶음 3개, 낱개 6개	10개씩 묶음 4개, 낱개 4개
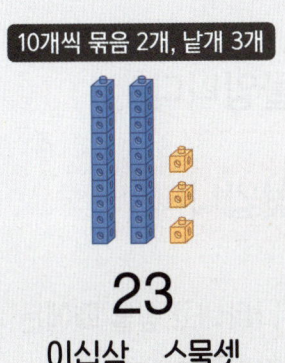	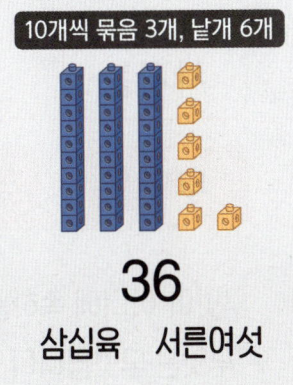	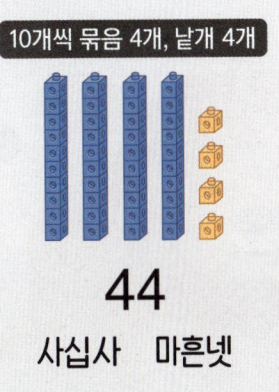
23	**36**	**44**
이십삼 스물셋	삼십육 서른여섯	사십사 마흔넷

2 수를 세고 읽으세요.

> 두 자리 수에서 앞의 숫자는 10개씩 묶음의 수를, 뒤의 숫자는 낱개의 수를 나타내요.

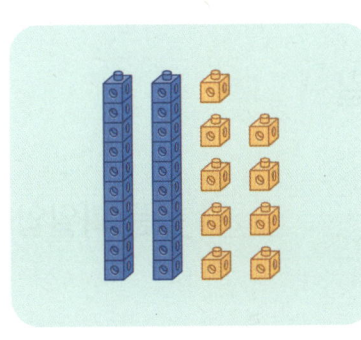

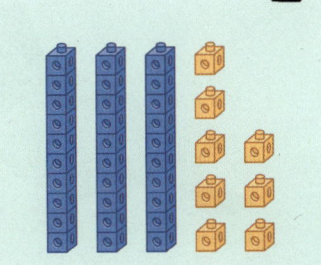

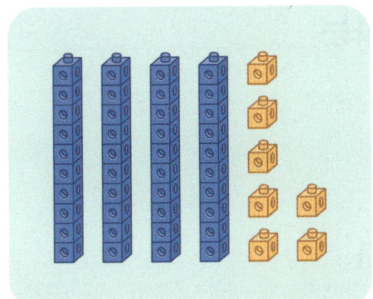

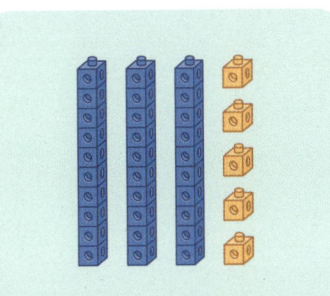

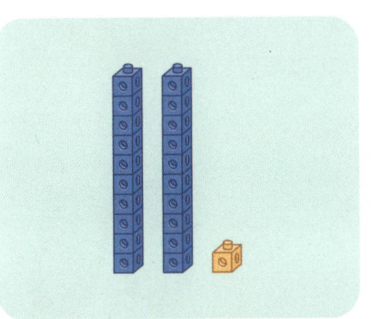
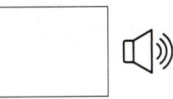

사자는 동물입니다

그림을 설명하는 여러 가지 문장의 구조를 파악해 보세요.

사자는 　동물입니다
무엇은 　무엇입니다

무엇이 어디에 속하는지 나타내고 싶을 때에는 "무엇은 무엇입니다."와 같이 표현해요.

1 그림에 알맞은 낱말을 찾아 선으로 잇고, 문장을 완성하세요.

_____는 과일입니다.

운동화는 _____.

비둘기는 _____.

꼭 공
능력 | 한글 | 어휘 | 맞춤법 | 문장 | 독해

| 사자가 | 잠을 | 잡니다 |
| 누가 | 무엇을 | 합니다 |

움직임이나 움직이는 모습을 나타낼 때에는
"누가 무엇을 합니다."와 같이 표현해요.

2 보기 에서 알맞은 낱말을 골라 문장을 완성하세요.

보기
나는   낚시를   자전거를   마십니다   닦습니다

● _____ 공부를 합니다.

● 나는 창문을 _____.

"누가 무엇을 합니다."와 같은 문장이 되도록 빈칸에 알맞은 말을 써 봐!

● 누나가 우유를 _____.

● 할머니께서 _____ 타십니다.

● 할아버지께서 _____ 하십니다.

1권 147

수 나타내기

1 친구와 시장 놀이를 해요. 가격만큼 동전 붙임딱지를 붙이세요.

23원

41원

35원

12원

2 문제를 잘 읽고 답을 구하세요.

사과가 10개씩 4상자,
낱개로 3개 있습니다.
사과는 모두 몇 개일까요?

10개씩 묶음	낱개
4	3

답 _____ 개

색종이가 10장씩 3묶음,
낱장으로 2장 있습니다.
색종이는 모두 몇 장일까요?

10장씩 묶음	낱장

답 _____ 장

꽃을 10송이씩 묶어서 포장해요.
꽃 28송이는 10송이씩 몇 묶음이 되고
몇 송이가 남을까요?

답
10송이씩 묶음	남은 꽃

생선을 10마리씩 묶어서 팔아요.
생선 17마리는 10마리씩 몇 묶음이고
몇 마리가 남을까요?

답
10마리씩 묶음	남은 생선

꼭공 복습

★ 글을 읽고 물음에 답하세요. [1-6]

> 오늘은 그동안 모은 쿠폰으로 장난감을 사러 갔습니다.
> 나는 37장을 모았고, 내 동생은 10장씩 묶음 1개와 낱장 5장을 모았습니다.
> 원래 가지고 있던 미니카 6개와 오늘 새로 산 것을 모았더니 모두 10개가 되었습니다.
> 우아! 나는 미니카 부자입니다.

1 나는 오늘 무엇을 했는지 ○ 하세요.

- 나는 책을 읽었습니다.
- 나는 쿠폰을 주웠습니다.
- 나는 미니카를 샀습니다.

2 글의 내용에 맞게 선으로 이어 문장을 완성하세요.

미니카는 • • 부자입니다.
나는 • • 장난감입니다.

3 내가 모은 쿠폰의 수만큼 색칠하세요.

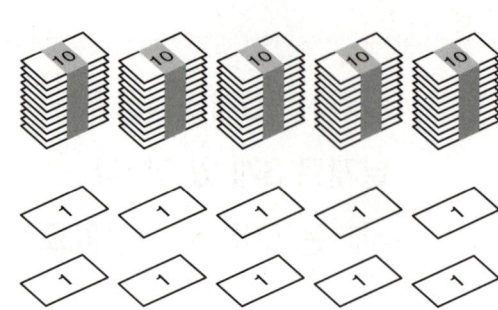

4 동생이 모은 쿠폰은 모두 몇 장일까요?

10장씩 묶음	낱장

( )장

5 오늘 새로 산 장난감은 몇 개일까요?

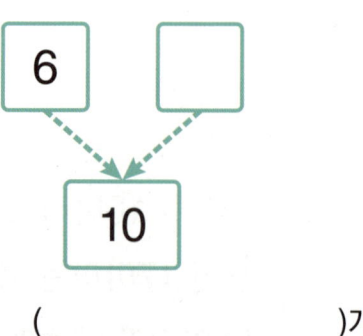

( )개

6 빈칸에 공통으로 들어갈 쌍받침을 쓰세요.

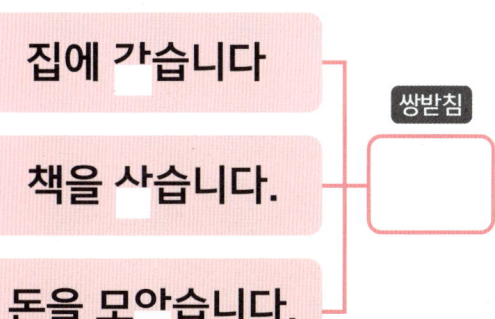

집에 가습니다
책을 사습니다.
돈을 모아습니다.

쌍받침 ☐

8 글의 내용에 알맞은 낱말을 골라 ○ 하세요.

주인이 (있는 , 없는) (긴 , 짧은) 크레파스가 (적어요 , 많아요).

9 크레파스를 10개씩 묶어서 정리하려고 합니다. 크레파스 23개는 10개씩 몇 묶음이 되고, 몇 개가 남을까요?

답 10개씩 ☐ 묶음, 낱개 ☐ 개

★ 글을 읽고 물음에 답하세요. [7-9]

교실에는 분실물 상자가 있다. 주인 없는 물건이 많았다.
상자에는 지우개가 4개 있었다. 쓰다 만 짧은 크레파스는 23개나 나왔다. 10색 색연필에서 검정색과 노란색이 없는 것도 있었다. 물병도 있었는데, 뚜껑이 없었다.

10 수를 모으거나 가르기 하세요.

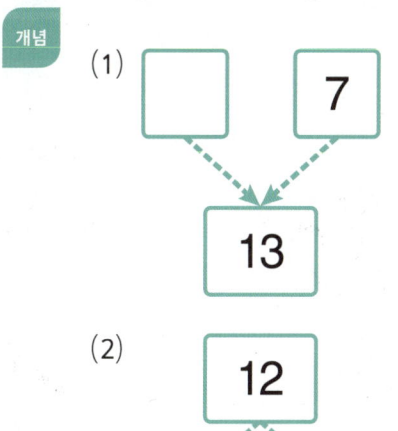

(1) ☐ 7 → 13

(2) 12 → 3 ☐

7 다음 뜻을 가진 낱말을 이 글에서 찾아 쓰세요.

자기도 모르는 사이에 잃어버린 물건.

☐☐☐

꼭공 국어 수학

67~77

우아, 벌써 마지막이야!
끝까지 힘내자!

계산도, 문장 읽기도
이제 제법 익숙해졌지?

· 학습 계획표 ·

꼭공 내용	꼭공 능력	공부한 날
67 나는 책을 읽습니다	한글 · 어휘 · 맞춤법 · **문장** · 독해	/
68 꽃은 모두 몇 송이?	**개념** · 연산 · 문장제 · **문제해결** · 추론	/
69 푸푸의 이야기	한글 · 어휘 · 맞춤법 · **문장** · 독해	/
70 50까지 수의 순서	**개념** · 연산 · 문장제 · 문제해결 · **추론**	/
71 우산은 쓰고, 옷은 입고	한글 · **어휘** · 맞춤법 · **문장** · 독해	/
72 별자리를 찾아요	개념 · 연산 · 문장제 · **문제해결** · 추론	/
73 오늘의 주인공	한글 · 어휘 · 맞춤법 · **문장** · **독해**	/
74 묶음의 수를 먼저 비교해	**개념** · 연산 · 문장제 · **문제해결** · 추론	/
75 달리기	한글 · 어휘 · 맞춤법 · **문장** · **독해**	/
76 두 자리 수의 크기 비교	개념 · 연산 · **문장제** · **문제해결** · 추론	/
77 꼭공 복습	**국어** · **수학**	/

67
국어

나는 책을 읽습니다

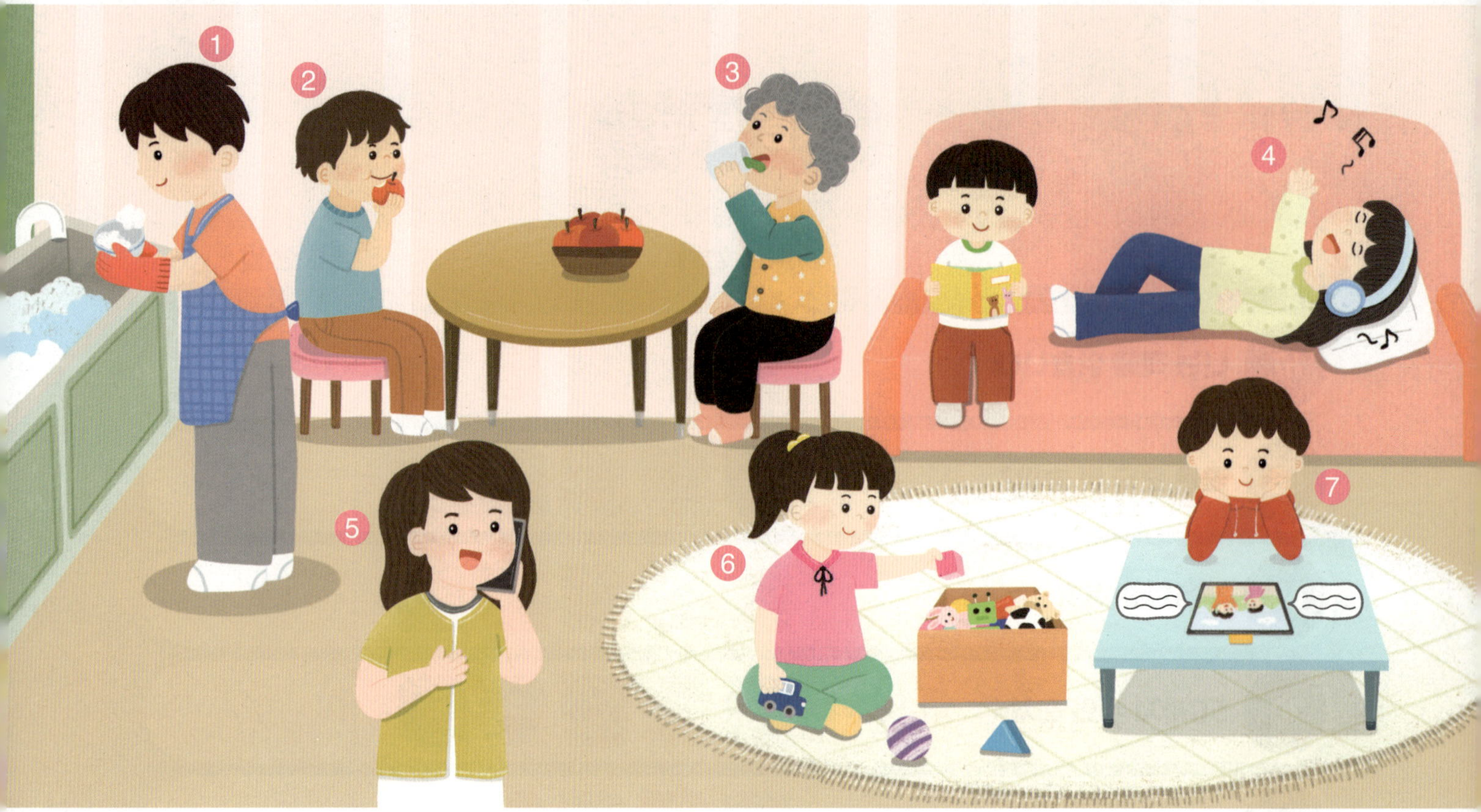

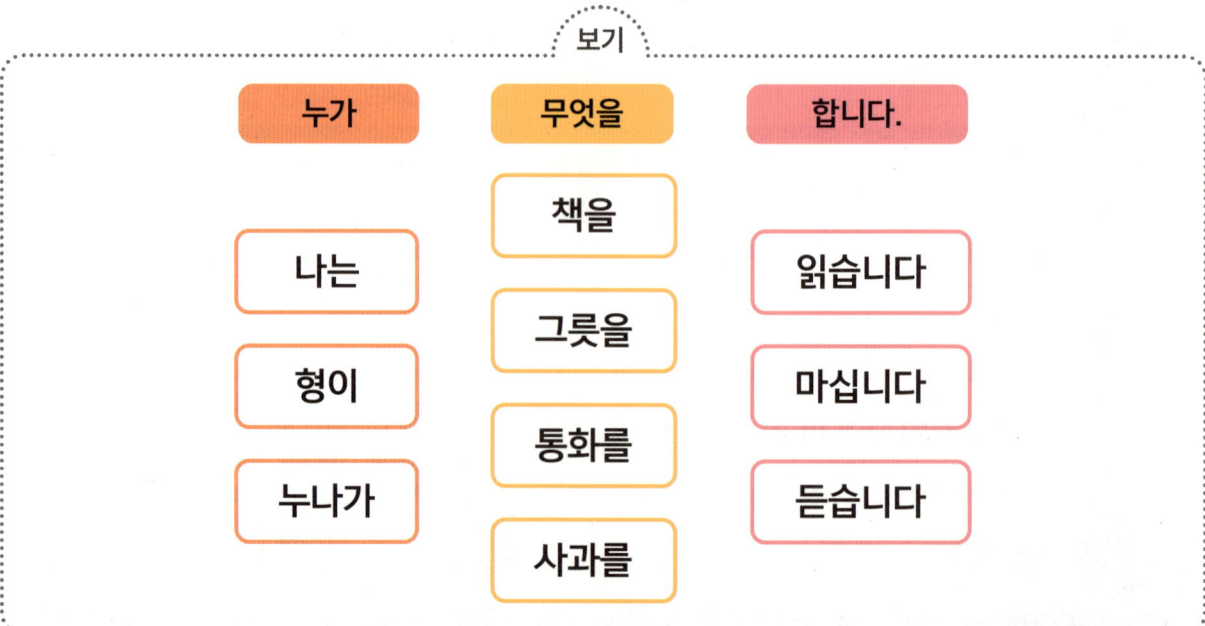

1 보기 에서 알맞은 말을 골라 그림에 어울리는 문장을 완성하세요.

보기

누가	무엇을	합니다.
나는	책을	읽습니다
형이	그릇을	마십니다
누나가	통화를	듣습니다
	사과를	

예) 나는 책을 읽습니다.
누가 / 무엇을 / 합니다.

① 아빠가 _____ 닦습니다.
　　　　　무엇을

② 삼촌이 _____ 먹습니다.
　　　　　무엇을

③ 할머니께서 주스를 _____.
　　　　　　　　　　합니다.

④ 이모가 음악을 _____.
　　　　　　　　합니다.

⑤ 엄마가 _____ 합니다.
　　　　　무엇을

⑥ _____ 물건을 정리합니다.
　　누가

⑦ _____ 영화를 봅니다.
　　누가

그림에서 가족들이 저마다 무엇을 하는지 자세히 살펴보고 문장을 완성해 보자!

꽃은 모두 몇 송이?

꽃의 수를 세어 쓰자.

10개씩 묶어 세면 쉬워.

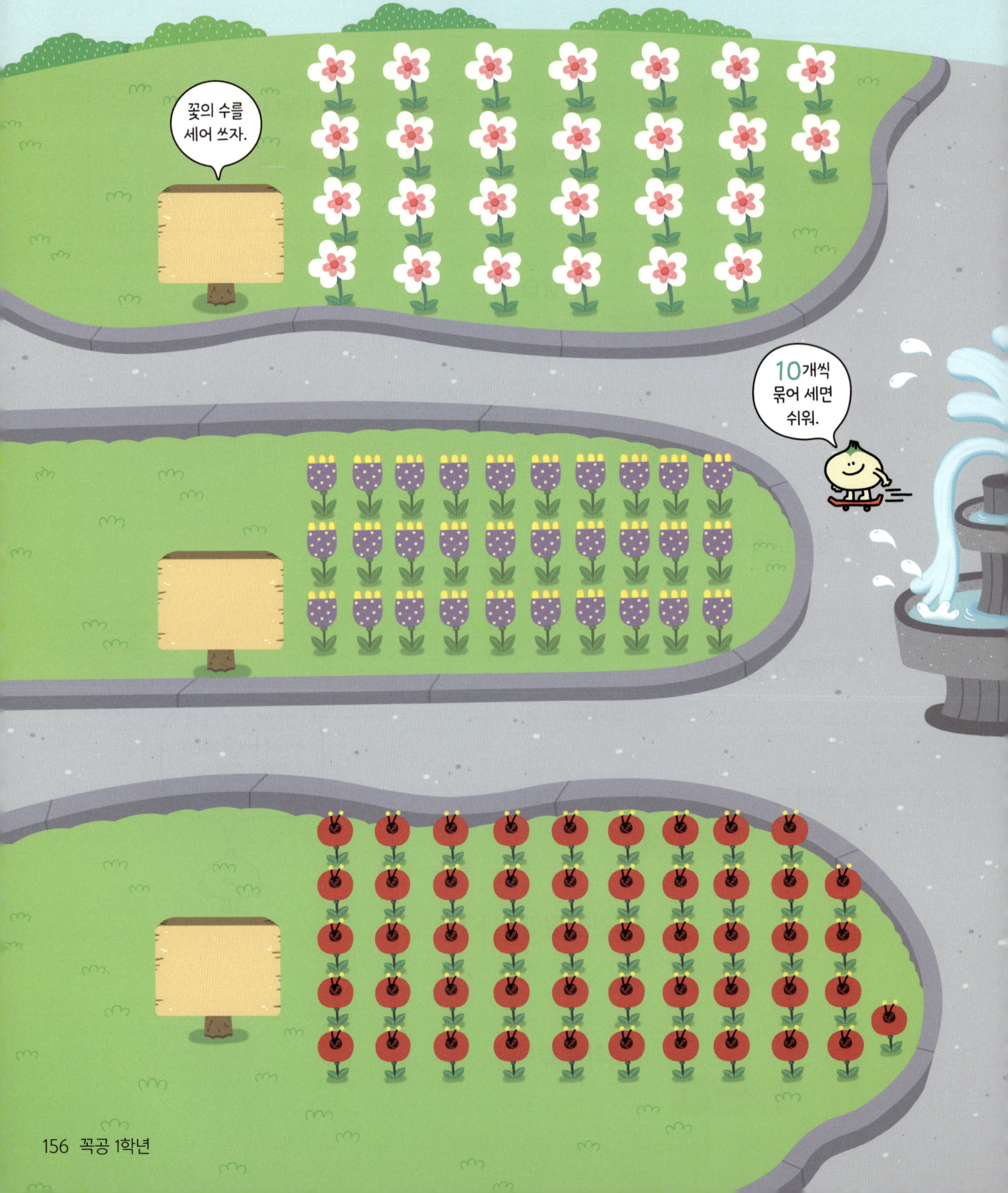

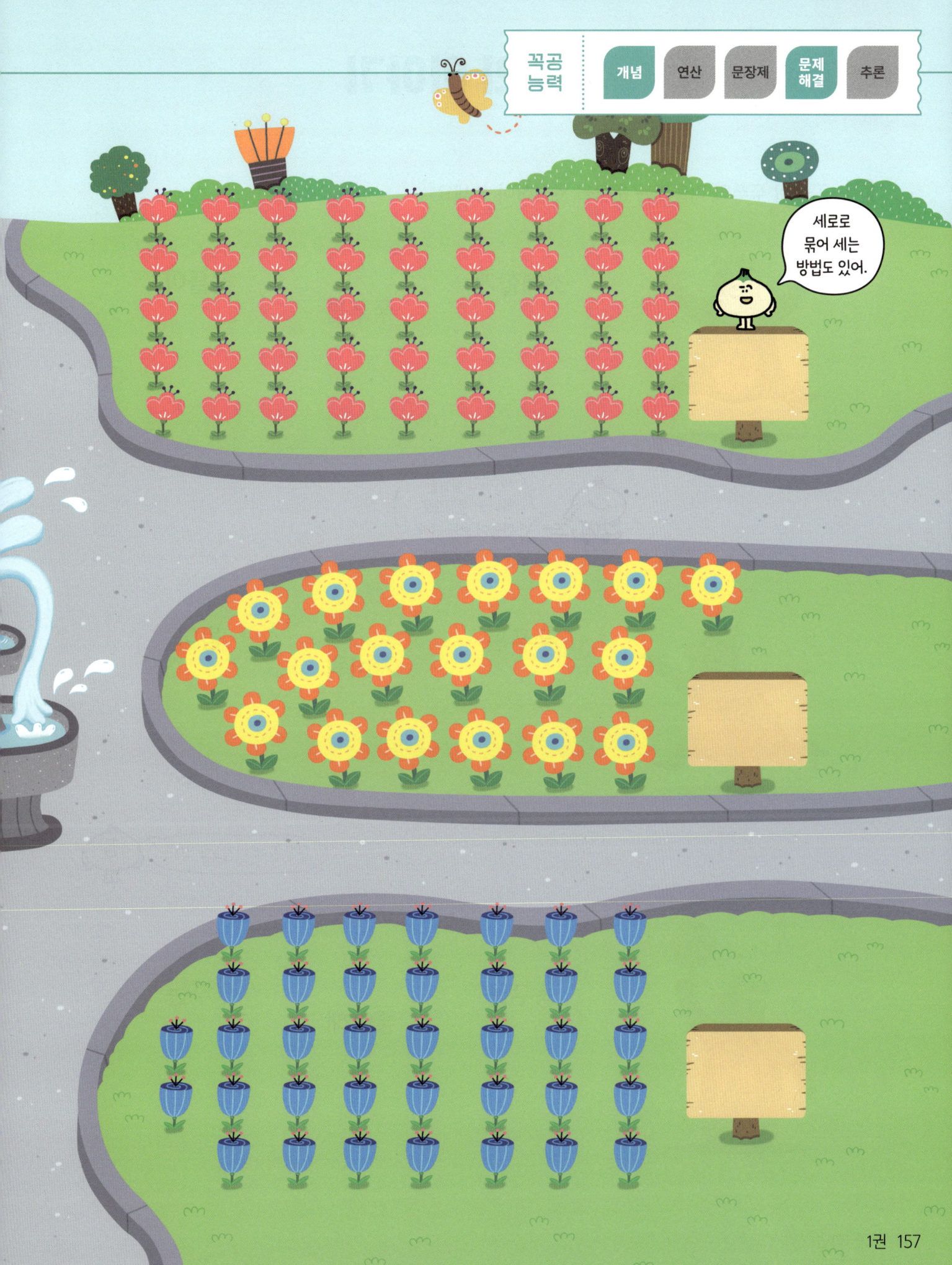

푸푸의 이야기

1 곰돌이 푸푸와 어울리는 문장을 완성하여 쓰세요.

소개할게　　푸푸를　　곰돌이

곰돌이 푸푸를 소개할게.

세 개의 낱말을 하나의 문장으로 만들어 보는 거야.

푸푸는　　가벼워　　몸이

_____

문장 끝에 마침표를 찍자.

농구를　　좋아해　　푸푸는

_____

잘해   줄넘기도   푸푸는

_____

친구야   나비는   푸푸의

_____

먹지   푸푸는   꿀을

_____

50까지 수의 순서

1 1부터 50까지의 수가 순서대로 쓰여 있어요.
수의 순서에 맞게 빈칸에 알맞은 수를 쓰세요.

아래처럼 수를 순서대로 나열해 놓은 표를 수 배열표라고 해.

1	2	3	4	5	6	7	8	9	10
11	12	13	14					19	20
21		23	24	25			28	29	
31		33	34		36	37	38		
41		43	44	45	46				

1	2				6	7	8	9	
	12	13		15	16	17	18	19	
21		23		25	26	27		29	30
31	32		34	35	36			39	40
				45		47		49	50

수 배열표는 **오른쪽**으로 갈수록 **1씩 커지고**,
아래로 갈수록 **10씩 커지는 규칙**이 있어요.

2 수의 순서에 맞게 빈칸에 알맞은 수를 쓰세요.

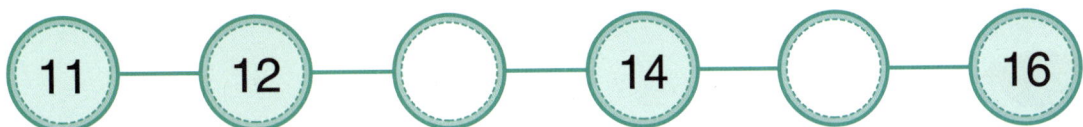

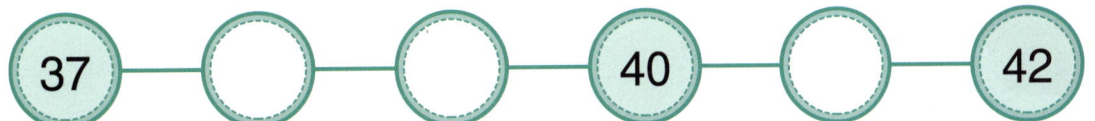

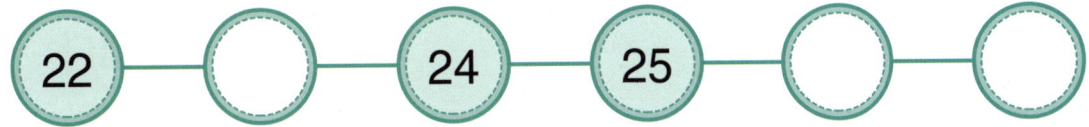

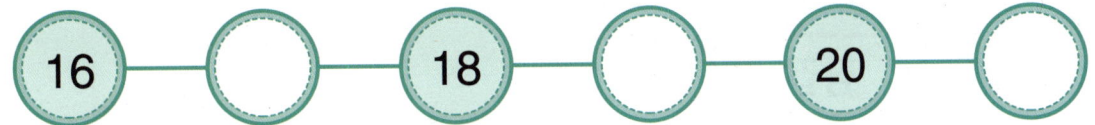

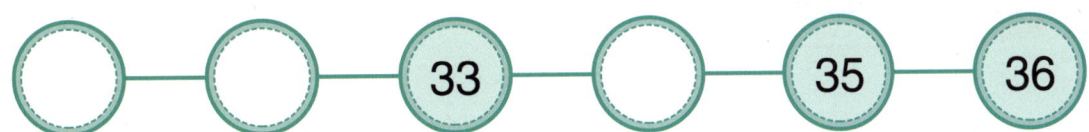

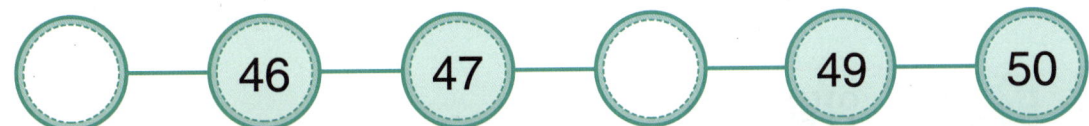

우산은 쓰고, 옷은 입고

1. 보기 처럼 서로 어울리는 낱말을 찾아 선으로 이으세요.

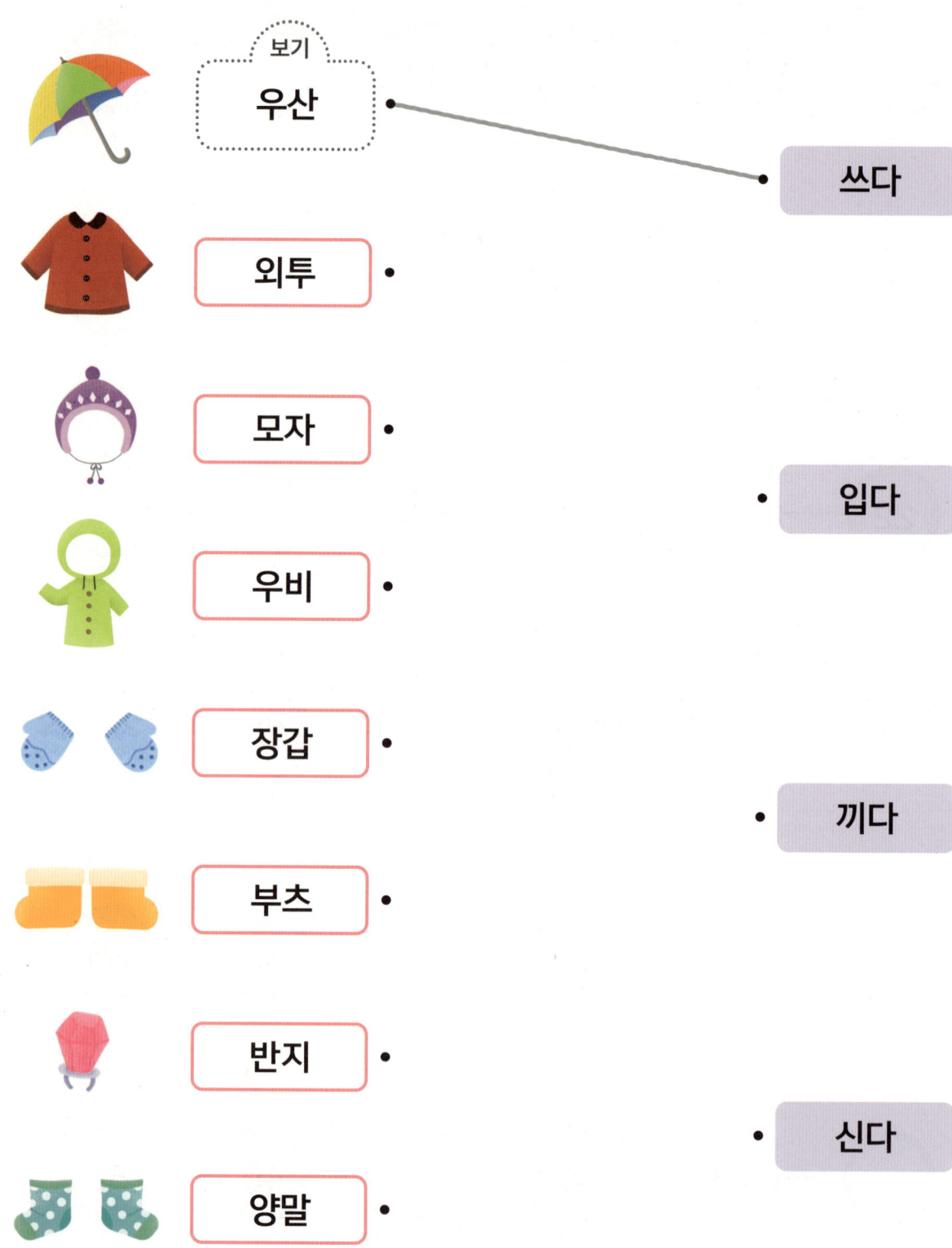

2 빈칸에 알맞은 말을 쓰고, 두 친구에게 설명에 맞는 붙임딱지 옷을 입혀 주세요.

겨울에는 어떤 옷차림을 할까?

눈 오는 날, 영우는

두꺼운 외투를 _____,

따뜻한 _____를 쓴다.

_____을 끼고 부츠도 신고

눈싸움을 하러 나간다.

비 올 때 옷차림을 생각해 봐.

비 오는 날, 연우는

연두색 _____를 입고,

무지개 우산을 _____.

양말을 _____, 장화도 신는다.

그리고 친구가 선물한

사탕 반지를 끼고 나간다.

별자리를 찾아요

1 ◯ 안에 있는 수부터 순서대로 별을 이어서 별자리를 완성하세요.

사자자리

전갈자리

꼭공 능력 | 개념 | 연산 | 문장제 | **문제해결** | 추론

염소자리

쌍둥이자리

내 별자리는 어떻게 생겼을까?

오늘의 주인공

프라이팬은 작은 무대입니다.

노란 당근 깡충깡충
초록 호박 빙글빙글
빨간 파프리카 뒹굴뒹굴
밥알이 노래를 하고요.
고기가 춤을 추지요.

오늘의 주인공
볶음밥 완성!

숟가락 티켓을 확인합니다.

한 그릇 뚝딱!
잘 먹었습니다.

꼭공 능력: 한글 / 어휘 / 맞춤법 / 문장 / 독해

1 글을 읽고 물음에 답하세요.

• 오늘의 주인공은 누구인가요?

☐☐☐

• 볶음밥이 오른 무대는 어디인가요?   숟가락   프라이팬

• 누가 춤을 추나요?   고기   밥알

• 볶음밥에 들어간 재료를 모두 고르세요.

호박   당근   고기   숟가락   파프리카

• 음식 재료의 모습과 어울리는 흉내 내는 말을 선으로 이으세요.

뒹굴뒹굴   빙글빙글   깡충깡충

묶음의 수를 먼저 비교해

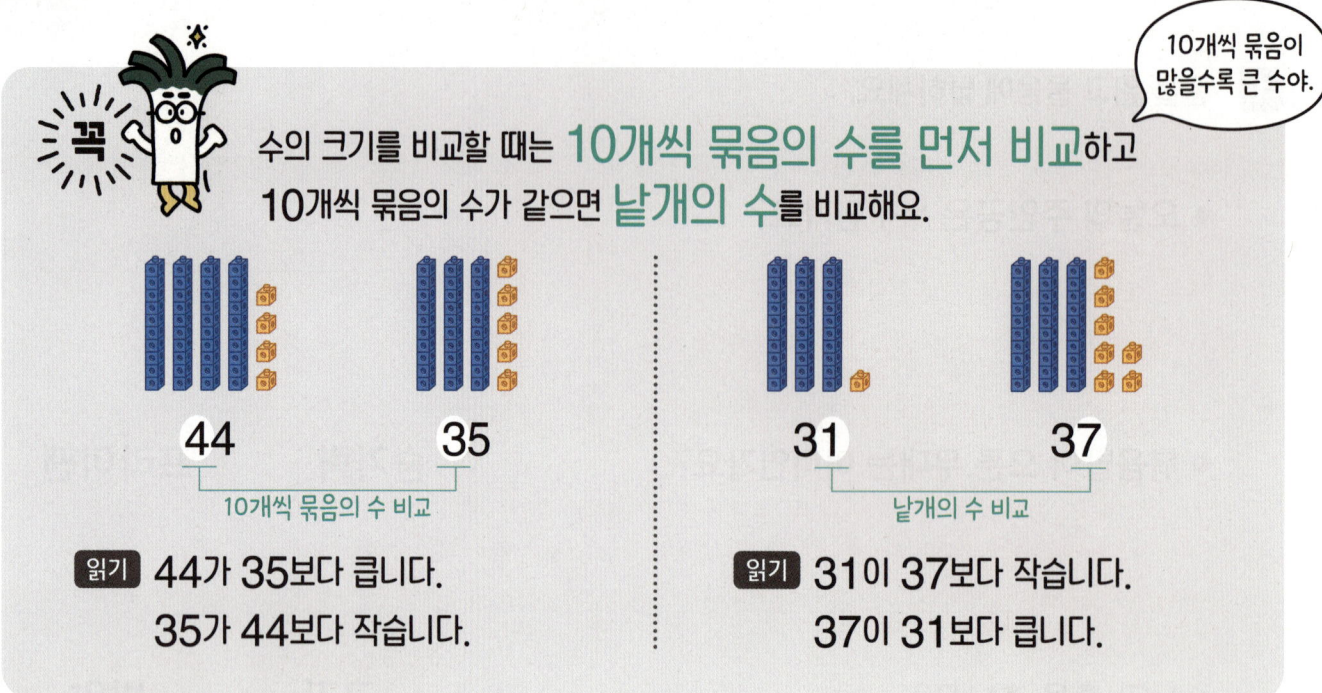

수의 크기를 비교할 때는 **10개씩 묶음의 수를 먼저 비교**하고 10개씩 묶음의 수가 같으면 **낱개의 수**를 비교해요.

💬 10개씩 묶음이 많을수록 큰 수야.

44 35
10개씩 묶음의 수 비교

[읽기] 44가 35보다 큽니다.
35가 44보다 작습니다.

31 37
낱개의 수 비교

[읽기] 31이 37보다 작습니다.
37이 31보다 큽니다.

1 더 큰 수에 색칠하고 알맞은 말에 ○ 하세요.

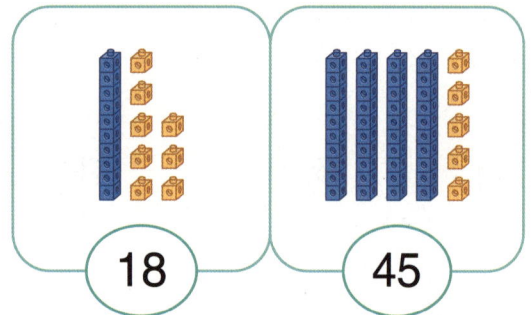

18은 45보다 (큽니다 , 작습니다).

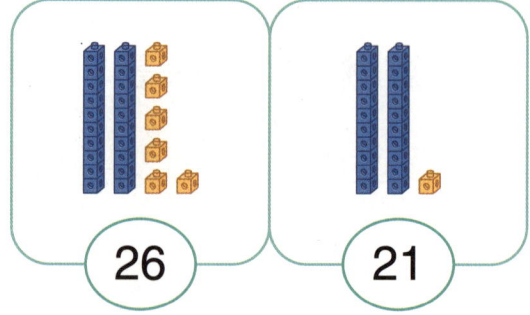

26은 21보다 (큽니다 , 작습니다).

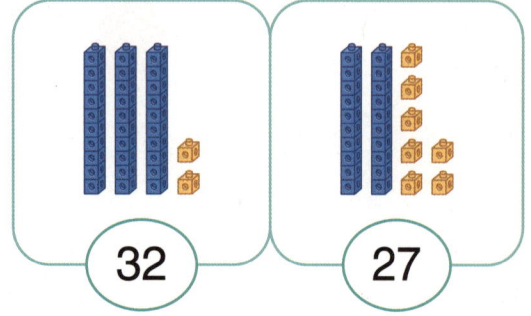

32는 27보다 (큽니다 , 작습니다).

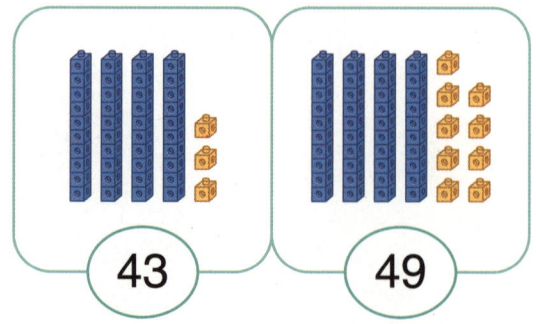

43은 49보다 (큽니다 , 작습니다).

2 수의 크기를 비교하여 내려간 쪽에 큰 수를, 올라간 쪽에 작은 수를 쓰세요.

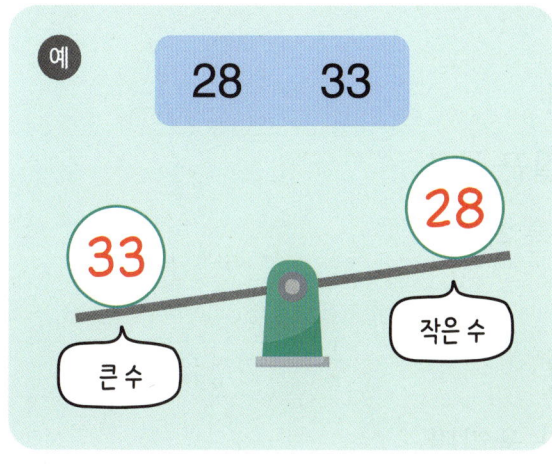

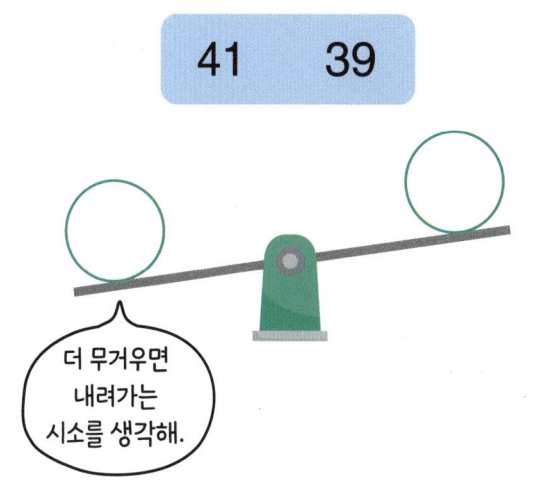

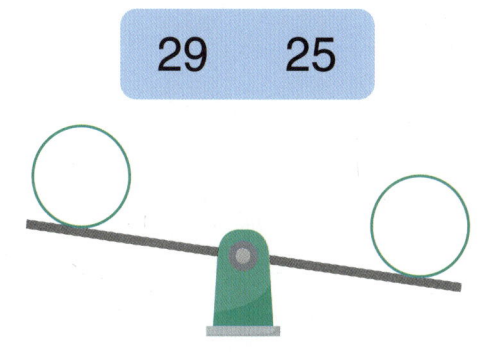

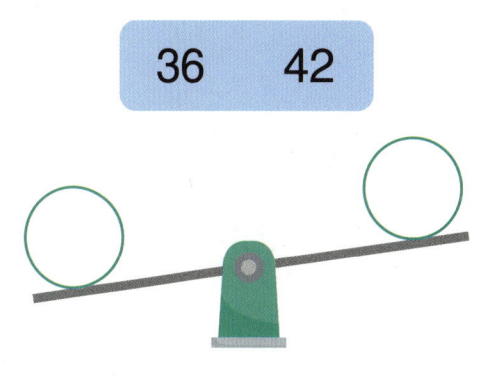

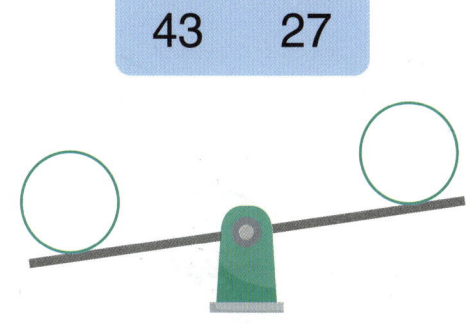

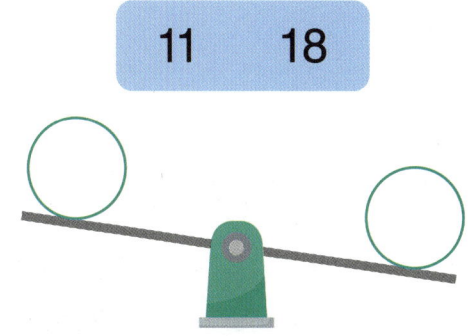

달리기

꽉!
신발 끈을 질끈 묶고
달릴 준비를 해요.

탕!
출발 신호가 울리면
쏜살같이 튀어 나가죠.

쌩!
머리카락 사이로
바람이 날아가요.

우아!
내가 1등이에요.
내가 제일 빨랐어요.

흉내 내는 말과 느낌을 나타낸 말을 실감 나게 읽어 볼까?

체육 시간에 달리기를 했던 경험에 대해 물어보고, 그때의 기분이나 느낌에 관해서도 이야기를 나눠 보세요.

1 글을 읽고 물음에 답하세요.

● 무엇을 하고 있나요?   수영   달리기

● 이 글에서 초성에 쌍자음이 들어간 글자를 모두 찾아 쓰세요.

쌍자음에는 ㄲ, ㄸ, ㅃ, ㅆ, ㅉ이 있어. 쌍받침은 ㄲ, ㅆ뿐이야.

| 꽉 | | | | |

● 이 글에 나온 쌍받침이 들어간 낱말을 따라 쓰세요.

묶 고   빨 랐 어 요

● 그림에 어울리는 흉내 내는 말과 느낌을 나타낸 말을 이 글에서 찾아 쓰세요.

두 자리 수의 크기 비교

1. 숲속을 걷고 있어요. 갈림길에서 더 큰 수를 따라갈 때 만나게 되는 동물을 찾아 ○ 하세요.

2 문제를 잘 읽고 답하세요.

동물원에 사슴이 19마리,
원숭이가 12마리 있습니다.
둘 중 어떤 동물이 더 많이 있을까요?

답 _____

이모는 26살이고, 삼촌은 33살입니다.
나이가 더 적은 사람은 누구일까요?

답 _____

옷 가게에서 빨간 옷을 35벌, 노란 옷을 40벌,
파란 옷을 27벌 팔았습니다.
가장 많이 판 옷은 어떤 옷일까요?

답 _____

주말에 책을 지호는 43쪽, 지유는 48쪽,
시우는 34쪽 읽었습니다.
책을 가장 적게 읽은 사람은 누구일까요?

답 _____

꼭꼭 복습

★ 글을 읽고 물음에 답하세요. [1-5]

> 우리는 룰루랄라 밴드입니다. 동네에서 유명한 가족 밴드이지요. 엄마는 39살이고 기타를 칩니다. 42살인 아빠는 건반을 담당하고요. 초등학교 6학년인 우리 형은 드럼을 잘 칩니다. 우리 집 막내인 나는 8살이고, 노래를 잘 부릅니다.

1 이 글에 어울리는 그림에 ○ 하세요.

( )   ( )

2 나이만큼 초를 꽂았습니다. 누구의 생일 케이크일까요? (긴 초는 10살, 짧은 초는 1살을 뜻합니다.)

( )

3 글의 내용에 맞게 문장을 완성하세요.

_____

4 엄마의 나이를 두 가지 방법으로 읽어 보세요.

> 우리 엄마는 39살이에요.

(,)

5 의자 왼쪽부터 나이가 많은 순서대로 앉으려고 합니다. 알맞은 자리를 찾아 선으로 이으세요.

42살	8살	13살	39살

★ 글을 읽고 물음에 답하세요. [6-10]

> 택배가 왔어요. 5단 책장인데, 알파벳 H처럼 생겼어요. 그리고 또 택배가 왔는데, 27권의 전래 동화 전집과 35권의 창작 동화 전집이었어요.
>
> 엄마는 책을 차곡차곡 꽂아 주시고 나는 빈 곳에 지구본을 올려 두었어요. 정리된 책장을 보니 참 뿌듯했어요.

6 이 글에 어울리는 그림에 ○ 하세요.

( )　　( )

7 이 글의 내용에 맞는 문장을 하나 완성하세요.

　엄마가　지구본을　올려 둡니다
　내가　책을　읽습니다

8 다음 뜻을 가진 낱말을 이 글에서 찾아 쓰세요.

물건을 가지런히 겹쳐 쌓거나 포개는 모양.

9 책장에 번호 순서대로 책을 꽂으려고 합니다. 순서에 맞게 책에 번호를 쓰세요.

10 책장에 전래 동화는 27권, 창작 동화는 35권 있습니다. 둘 중 어떤 책이 더 많을까요?

( )

| 지은이 기적학습연구소 |

"혼자서 작은 산을 넘는 아이가 나중에 큰 산도 넘습니다"

본 연구소는 아이들이 혼자서 큰 산까지 넘을 수 있는 힘을 키워 주고자 합니다.
아이들의 연령에 맞게 학습의 산을 작게 만들어 혼자서도 쉽게 넘을 수 있게 만듭니다.
때로는 작은 고난도 경험하게 하여 성취감도 맛보게 합니다.
그리고 아이들에게 실제로 적용해서 검증을 통해 차근차근 책을 만들어 갑니다.

 1학년 1권

초판 발행 2025년 5월 15일

지은이 기적학습연구소
발행인 이종원
발행처 길벗스쿨
출판사 등록일 2006년 6월 16일
주소 서울시 마포구 월드컵로 10길 56(서교동 467-9)
대표 전화 02)332-0931　　　**팩스** 02)323-0586
홈페이지 www.gilbutschool.co.kr　　　**이메일** gilbut@gilbut.co.kr

기획총괄 신경아(skalion@gilbut.co.kr), 김미숙(winnerms@gilbut.co.kr)　　**책임 편집 및 진행** 김정현, 이선진
제작 이준호, 손일순, 이진혁　　**영업마케팅** 문세연, 박선경, 구혜지, 박다슬　　**웹마케팅** 박달님, 이재윤, 이지수, 나혜연
영업관리 김명자, 정경화　　**독자지원** 윤정아

디자인 퍼플페이퍼 정보라　　**일러스트** 최이레, 이경희　　**캐릭터** 젠틀멜로우
전산 편집 린 기획　　**인쇄** 상지사　　**제본** 상지사

▶ 이 책은 저작권법의 보호를 받는 저작물로 이 책에 실린 모든 내용, 디자인, 이미지, 편집 구성은
　허락 없이 복제하거나 다른 매체에 옮겨 실을 수 없습니다
▶ 인공지능(AI) 기술 또는 시스템을 훈련하기 위해 이 책의 전체 내용은 물론 일부 문장도 사용하는 것을 금지합니다.
▶ 잘못된 책은 구입한 서점에서 바꿔 드립니다.

ISBN 979-11-6406-921-7 63700 (길벗스쿨 도서번호 10994)
정가 16,800원

독자의 1초를 아껴주는 정성 **길벗출판사** --------

길벗스쿨 국어학습서, 수학학습서, 영어학습서, 유아동 단행본
길벗 IT실용서, IT/일반 수험서, IT전문서, 어학단행본, 어학수험서, 경제실용서, 취미실용서, 건강실용서, 자녀교육서
더퀘스트 인문교양서, 비즈니스서

21쪽

29쪽

35쪽   ㅁ   ㅇ   ㄹ   ㅅ

40쪽

82쪽   머리   귀   손   배   무릎   발   팔

94쪽

148쪽

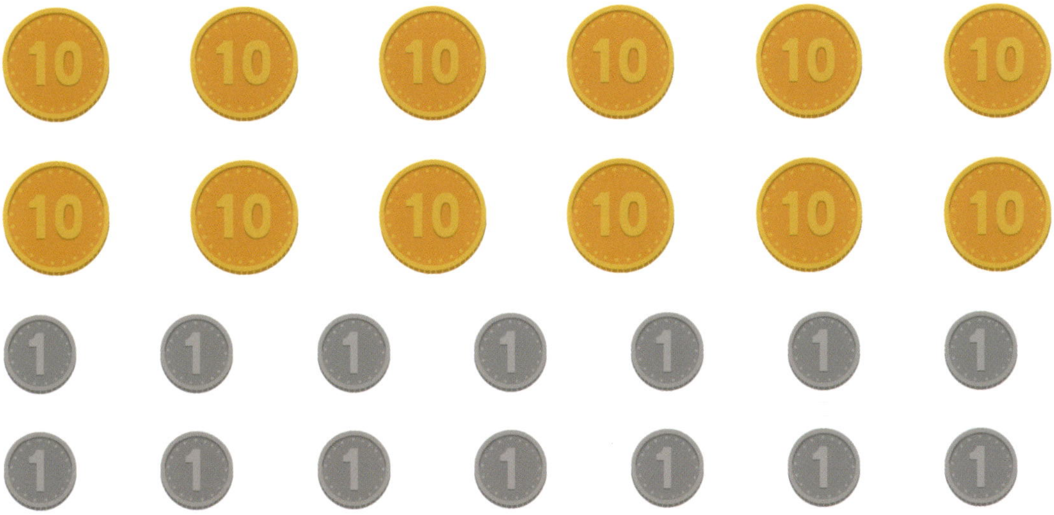

163 쪽

1권 끝!
2권으로 넘어갈까요?

앗!

본책의 정답과 풀이를 분실하셨나요?
길벗스쿨 홈페이지에 들어오시면 내려받으실 수 있습니다.
https://school.gilbut.co.kr/

개념+유형

중학수학

1학년 | 1권

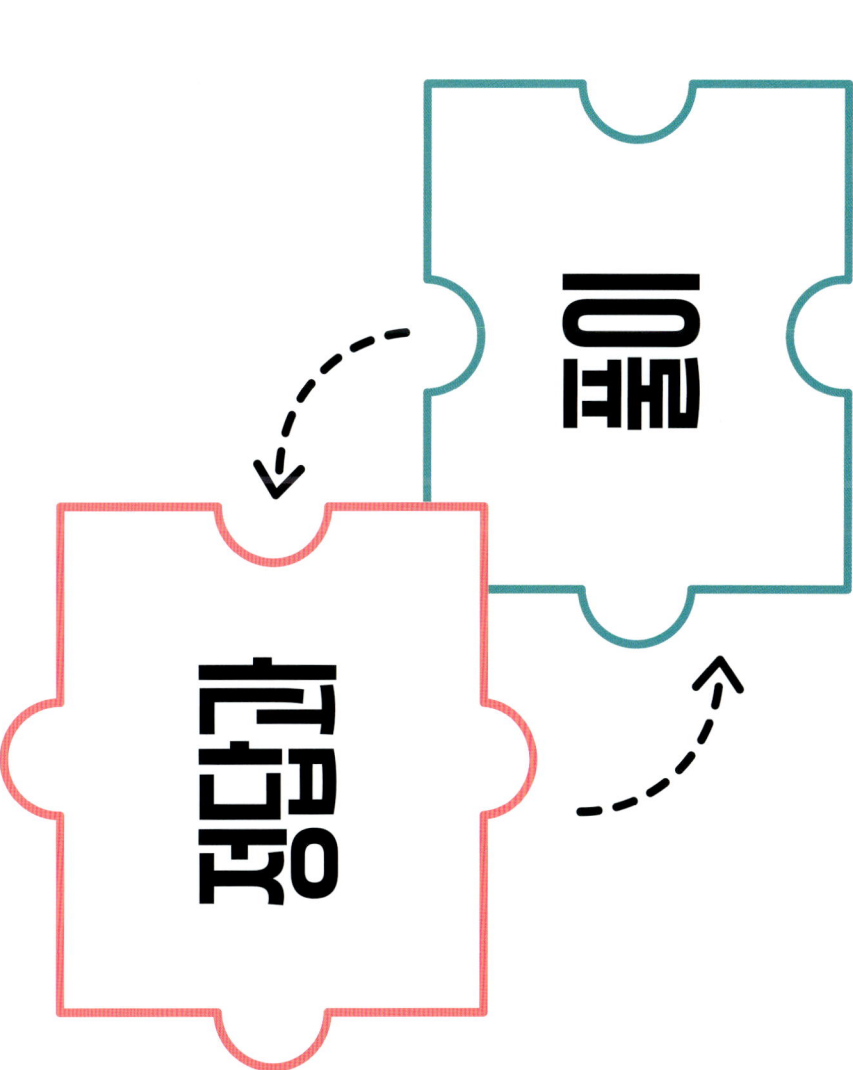

쪽곡 정답 01~11

10~11쪽

01 아야어여오요우유으이

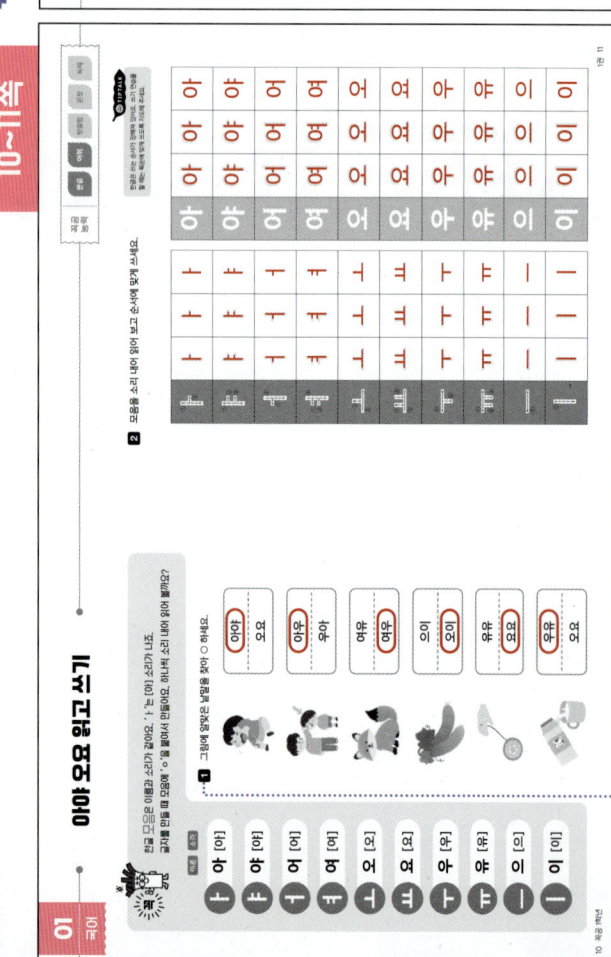

12~13쪽

02 수 읽고 쓰기

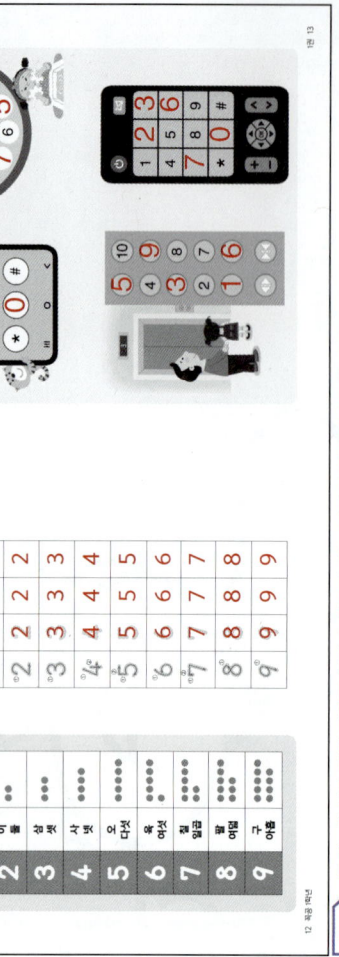

14~15쪽

03 모음 미로

16~17쪽

04 수의 표현

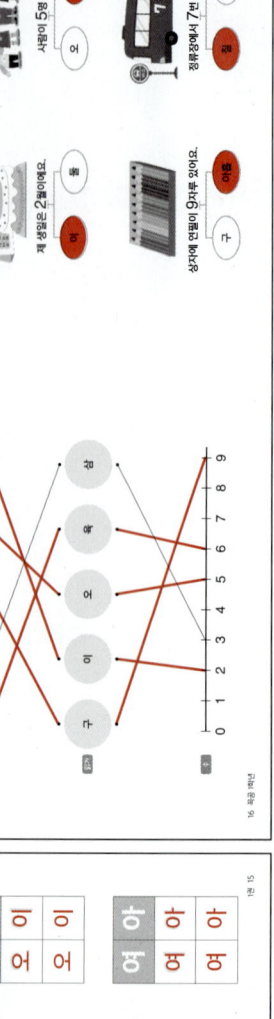

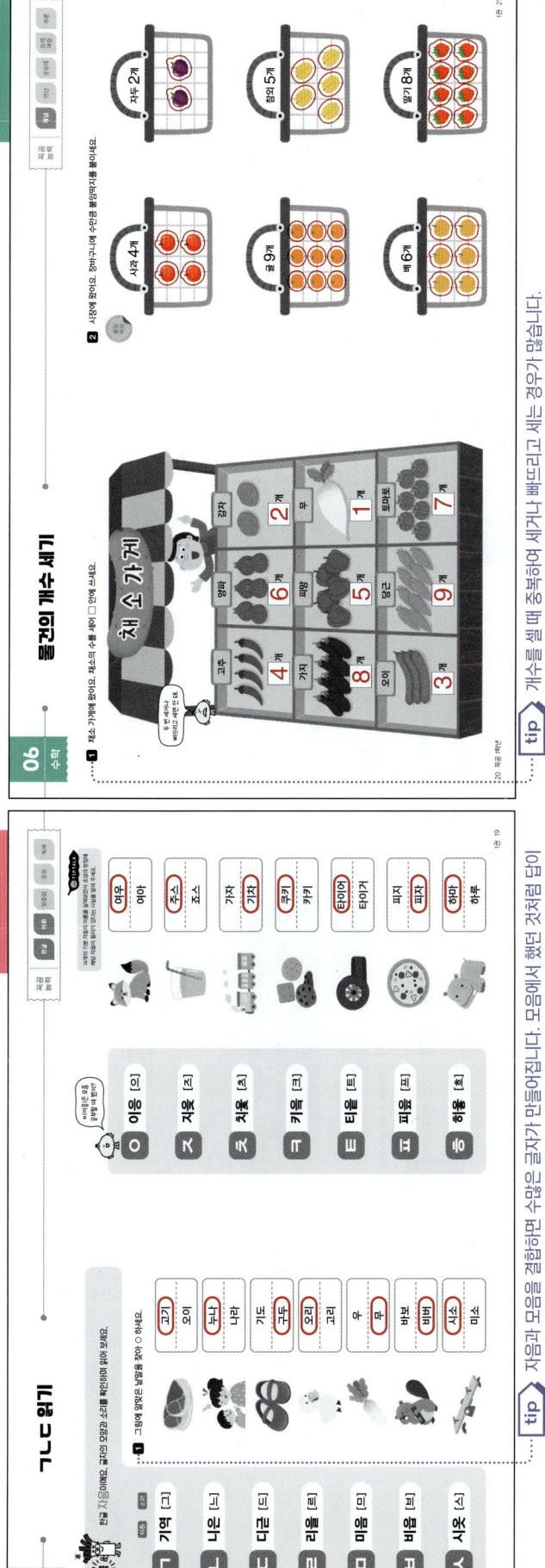

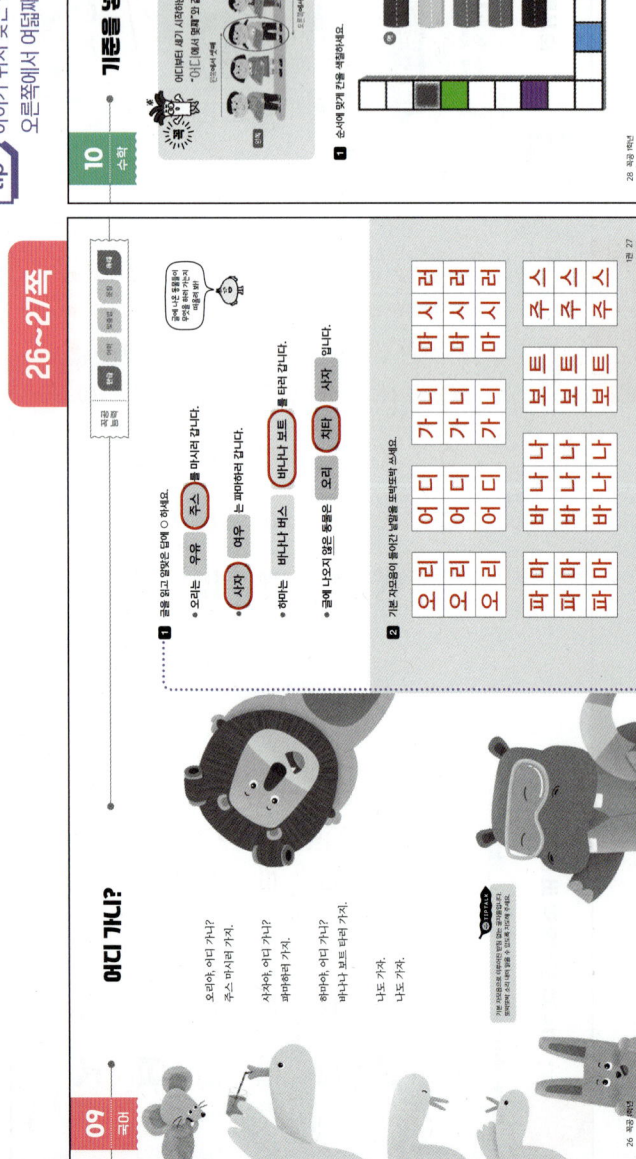
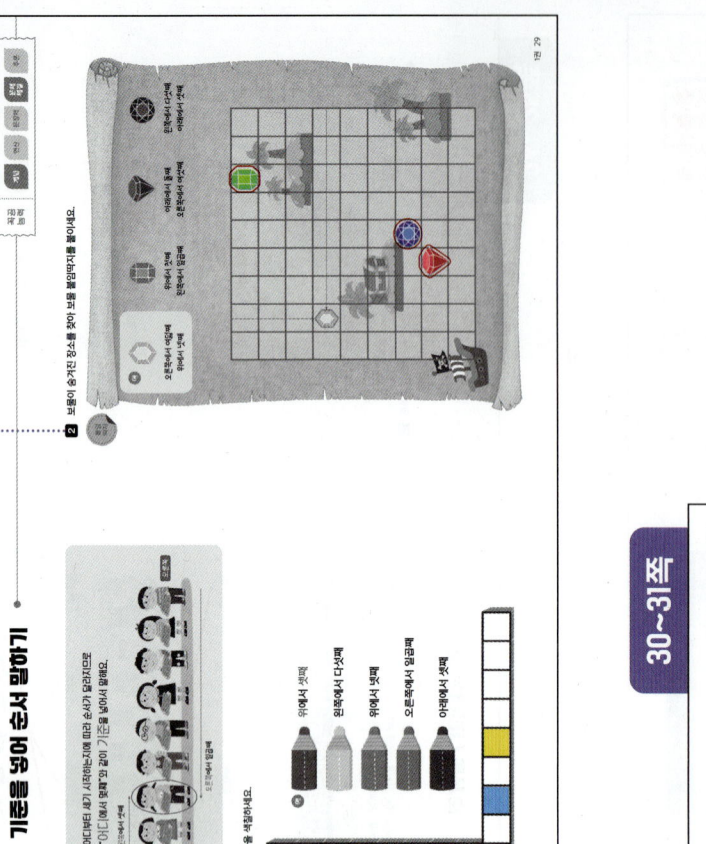
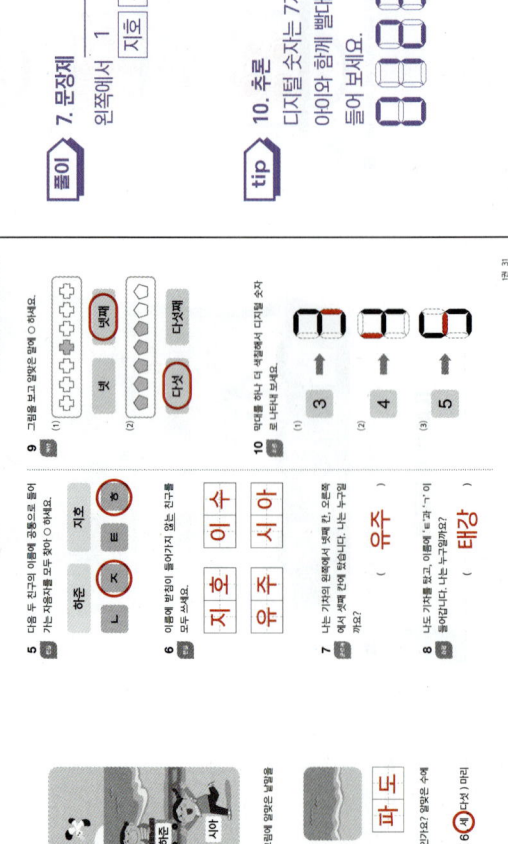

꼭꼭 정답 12~22

12 국어 — 34~35쪽
받침 없는/있는 글자

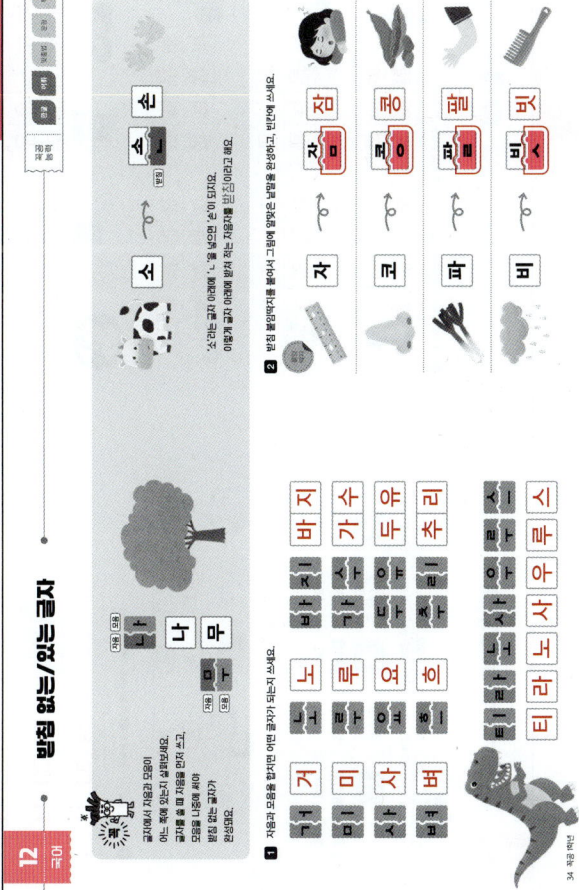

13 수학 — 36~37쪽
수 뱀래가 나타났다

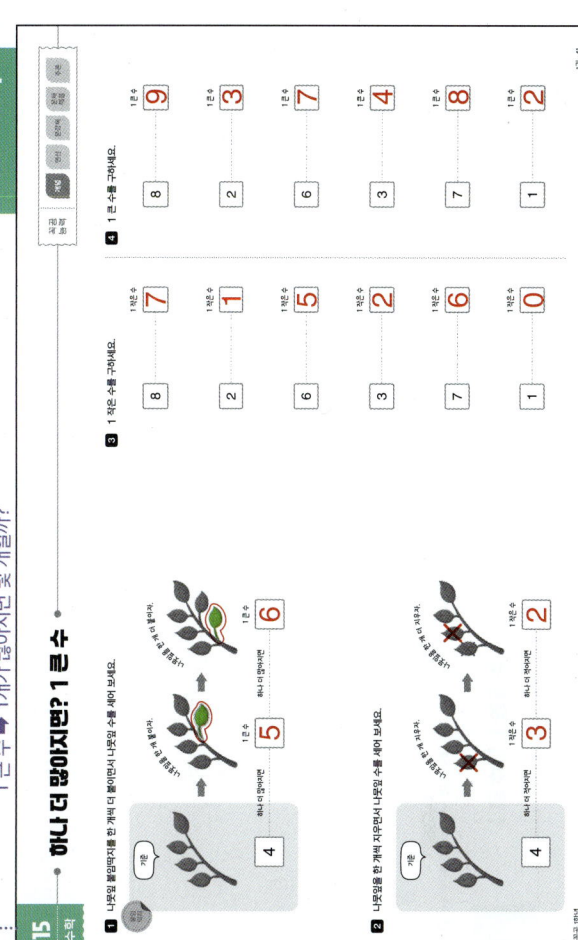

14 국어 — 38~39쪽
받침 읽기

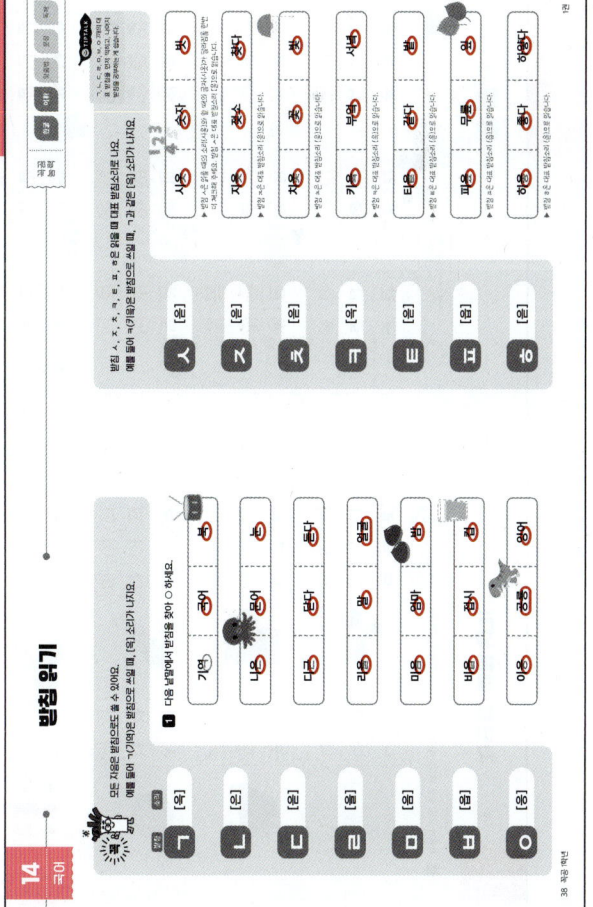

15 수학 — 40~41쪽
하나 더 많아지면? 1 큰 수

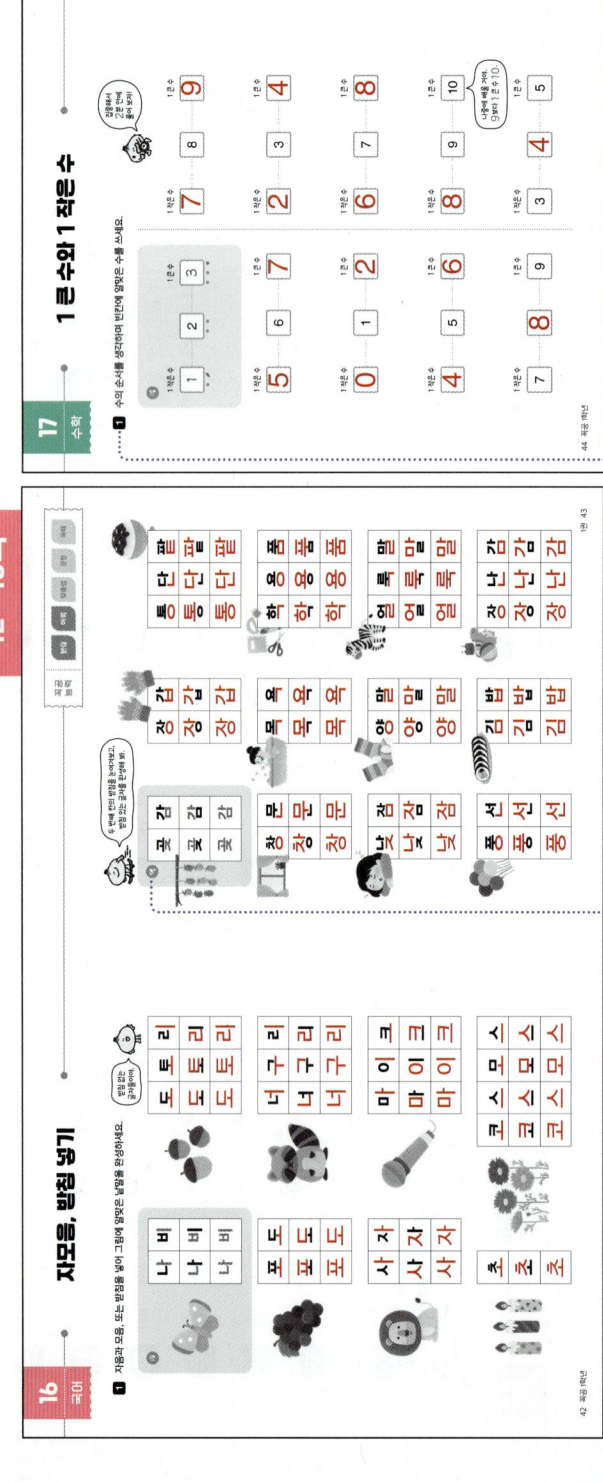

50~51쪽

풀이

1 앵무새도 그림에는 있지만 글에는 나오지 않는 동물입니다.

52~53쪽

tip 아이가 직접 수를 설명하고, 부모님이 맞히는 게임을 해 보도 좋아요. 스스로 문제를 만들 수 있다는 건 개념을 정확히 이해했다는 뜻이에요.

54~55쪽

풀이

2. 한글
그림 속 동물의 이름을 완성하는 문제입니다. 자음과 모음, 받침을 살펴 동물의 이름을 완성해 봅니다.

tip 7. 한글
토끼는 포도를 먹고 있고, 돼지는 쿠키를 먹고 있습니다. 쿠키를 '과자'라고 써도 됩니다.

tip 10. 문제해결
반대로 "7은 8보다 작습니다."라고 표현할 수 있는지도 확인해 보세요.

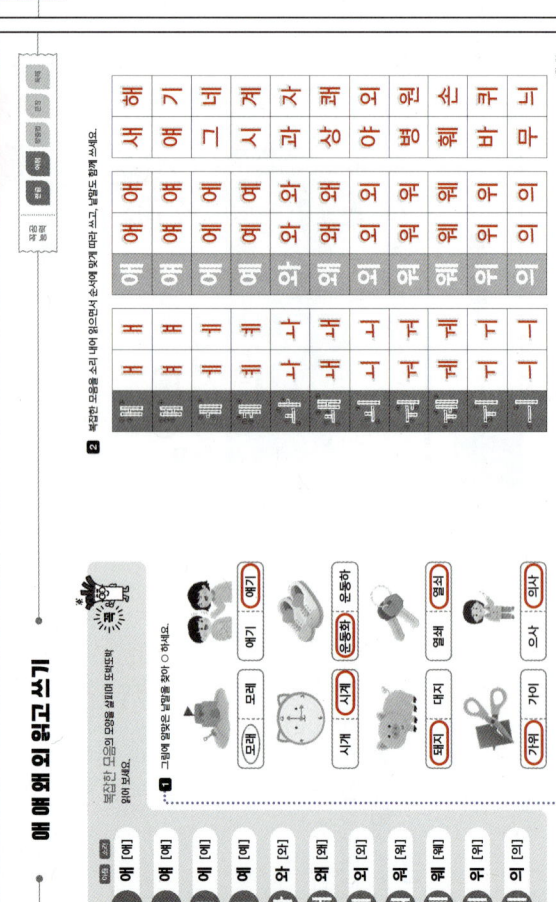
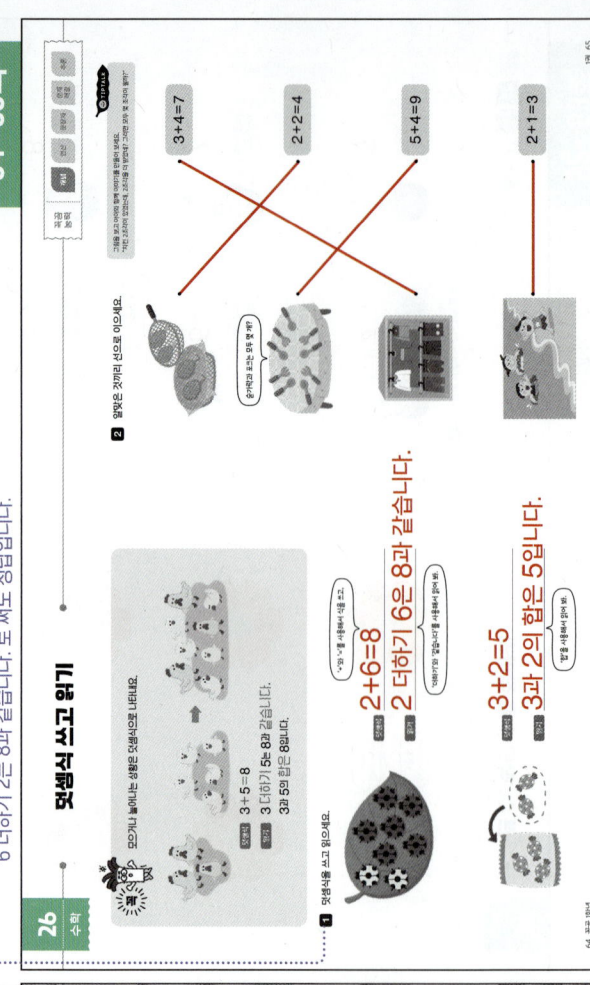
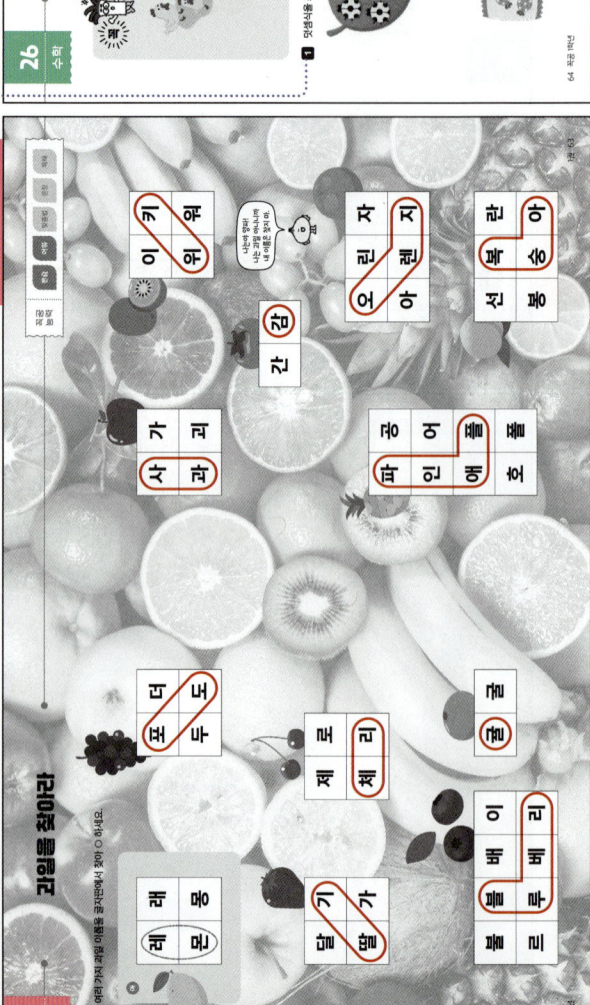

68~69쪽

tip 더하는 두 수를 찾아 덧셈식을 쓰고 계산하도록 지도해 주세요.

덧셈 연습 ①

덧셈을 하세요.

1+2 = 3

3+4 = 7   4+2 = 6   5+0 = 5
2+6 = 8   5+4 = 9   3+1 = 4
1+1 = 2   0+1 = 1   1+8 = 9
3+2 = 5   6+3 = 9   5+2 = 7
         4+4 = 8   3+3 = 6

풀이 0+2 = 2

2
2+2 = 4
4
4+5 = 9
9

6+1 = 7
7
4+2 = 6
6
3+7 = 8
8
8+0 = 8

72~73쪽

tip 문제를 읽고 식 세우는 것을 어려워한다면, 문제를 의미 단위로 끊어 읽고 그림으로 나타내는 연습을 먼저 하세요.

덧셈 연습 ②

덧셈을 하세요.

6+1 = 7   5+3 = 8   2+2 = 4
2+3 = 5   1+5 = 6   1+7 = 8
0+2 = 2   3+6 = 9   2+4 = 6
1+3 = 4   4+3 = 7   1+0 = 1
2+1 = 3   1+4 = 5   8+1 = 9

문제를 잘 읽고 다음 덧셈 식을 세우고 답을 구하세요.

인형을 소중하는 1개,
예주는 2개 사왔어요.
두 사람이 산 인형은 모두 몇 개일까요?
식 1+2 = 3 답 3 개

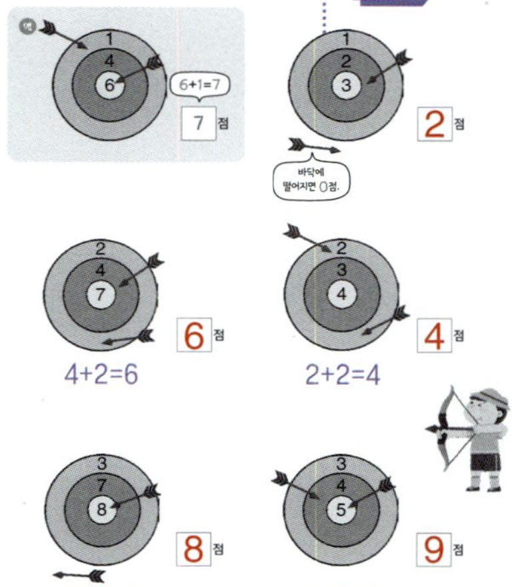

도서관에 어린이가 4명 있었는데
5명이 더 왔어요.
어린이는 모두 몇 명일까요?
식 4+5 = 9 답 9 명

접시가 3개 있어요.
엄마 접시보다 2개 더 많아요.
접시 몇 개일까요?
식 3+2 = 5 답 5 개

혜린이와 승호는 색종이를
각자 4장씩 가지고 있습니다.
두 사람이 가진 색종이는 모두 몇 장일까요?
식 4+4 = 8 답 8 장

66~67쪽

당근이 뿅이야!

글을 읽고 물음에 답하세요.

- 누가 나오나요? **토끼**
- 도토리는 어디요? **다람쥐**
- 험담한 것은 무엇인가요? **떡약하다**
- 토끼가 좋아하는 것은 무엇인가요? **도라지**
                              당근

ㄴ(니은), ㄷ(디귿), ㅌ(티읕)을 따라 쓰세요.

도 라 지	도 라 지	도 라 지
당 근	당 근	당 근
도 토 리	도 토 리	도 토 리
떡 볶 이	떡 볶 이	떡 볶 이
토 끼	토 끼	토 끼
어 때	어 때	어 때

70~71쪽

초성으로 과자 이름 맞히기

다음 초성으로 시작하는 과자 이름을 말해 봐.

- ㅅ으로 시작하는 과자 이름은? **새우깡**
- ㅈ으로 시작하는 과자 이름은? **자갈치**
- ㅊ으로 시작하는 과자 이름은? **초코송이**
- ㅆ으로 시작하는 과자 이름은? **쌀과자**
- 쭈바비는 아이스크림이지.
- 쩌요? ㅉ으로 시작하는 다른 과자 이름은? **쭈쭈바**
- 그럼 우세용.
- ㅉ……
- **똔드기**

ㅅ(시옷), ㅈ(지읒), ㅊ(치읓), ㅆ(쌍시옷), ㅉ(쌍지읒)이 들어간 간식 이름을 맞혀 보세요.

새 우 깡	자 갈 치	쫀 드 기
새 우 깡	자 갈 치	쫀 드 기
새 우 깡	자 갈 치	쫀 드 기
쭈 쭈 바	쌀 과 자	초 성 이
쭈 쭈 바	쌀 과 자	초 성 이
쭈 쭈 바	쌀 과 자	초 성 이

tip ㅅ, ㅈ, ㅊ, ㅆ, ㅉ으로 시작하는 과자 이름도 좋고, 아이스크림이나 여러 가지 간식의 이름을 떠올려 보게 해 주세요.

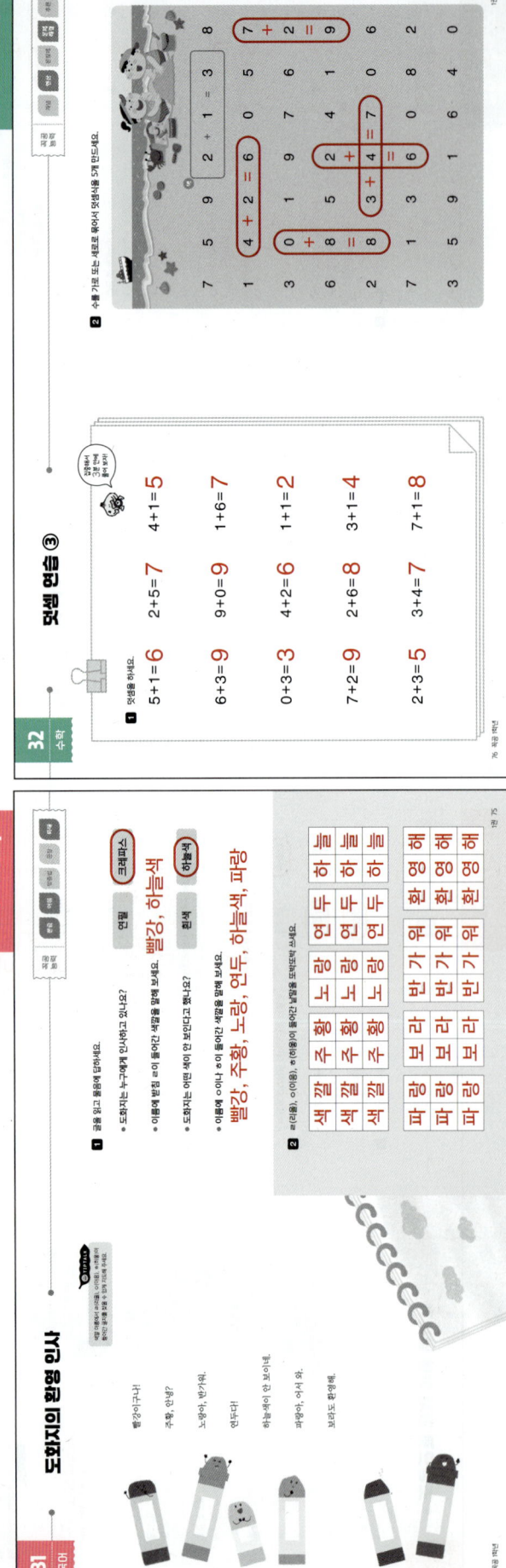
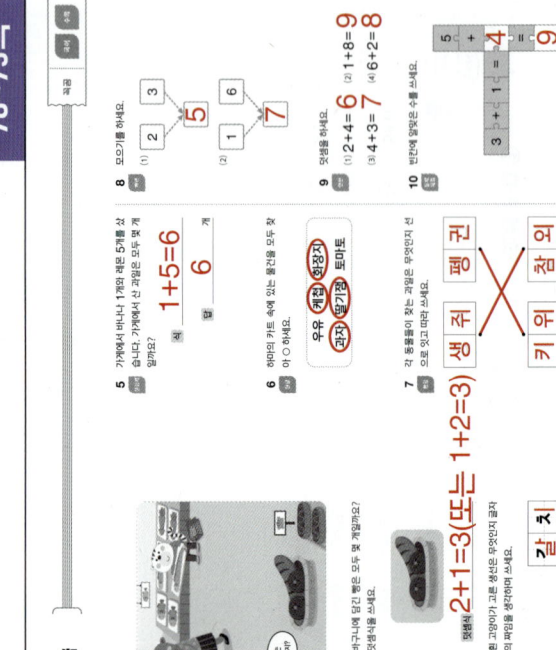

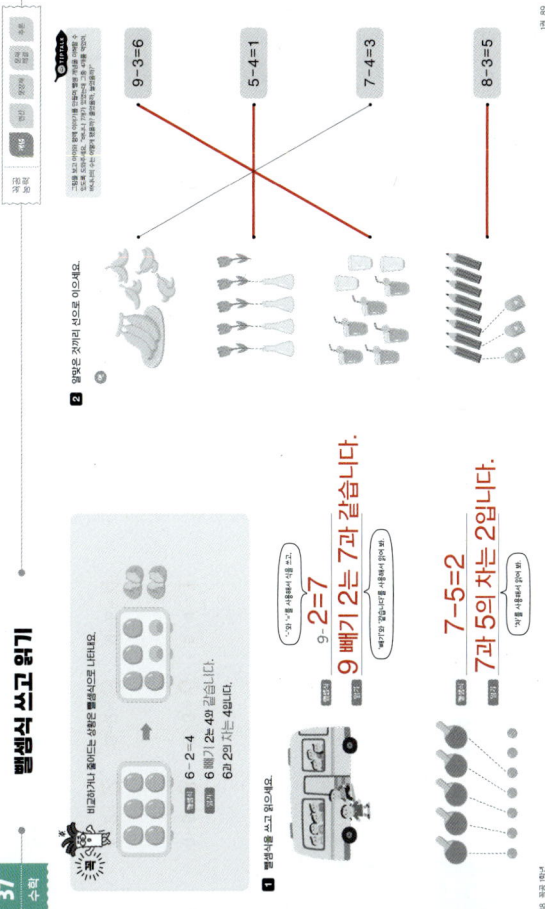

90~91쪽

38 국어

학교 다녀오겠습니다

꼭공 능력: 한글 / 어휘 / 맞춤법 / 문장 / 독해

1 글자판에서 학교와 관련 있는 낱말을 찾아 ○ 하세요. (모두 13개)

교	실	소	더	의	자	도
지	내	화	너	구	바	무
사	우	교	송	리	책	실
물	동	과	서	무	상	운
함	월	일	색	종	이	동
독	전	책	가	방	선	장
컴	칠	판	인	충	친	주
선	생	님	힘	스	구	단
치	주	보	연	필	길	거

2 1에서 찾은 낱말들을 빈칸에 또박또박 쓰세요.

교실 친구

풀이 예를 포함하여 모두 13개의 낱말을 찾고, 순서 상관없이 빈칸에 자유롭게 써 보세요.

92~93쪽

39 수학

뺄셈 연습 ①

꼭공 능력: 개념 / 연산 / 문장제 / 문제 해결 / 추론

집중해서 3분 안에 풀어 보자!

1 뺄셈을 하세요.

예 3−1=2	4−3=1	9−0=9
6−6=0	7−2=5	7−4=3
8−5=3	9−3=6	5−4=1
4−2=2	5−2=3	9−5=4
2−1=1	6−2=4	8−3=5

2 두 수의 차가 2인 수끼리 선으로 이으세요.

94~95쪽

40 국어

정다운 이웃

꼭공 능력: 한글 / 어휘 / 맞춤법 / 문장 / 독해

1 우리 동네에서 일하는 사람들을 찾아 붙임딱지를 붙이고 그 장소를 쓰세요.

경찰서

소방서

병원

학교

은행

도서관

우체국

96~97쪽

tip 문장이 잘 이해되지 않을 때는 문제의 상황을 그림으로 나타내 보세요.

41 수학

뺄셈 연습 ②

꼭공 능력: 개념 / 연산 / 문장제 / 문제 해결 / 추론

집중해서 3분 안에 풀어 보자!

1 뺄셈을 하세요.

7−3=4	9−1=8	6−1=5
8−6=2	5−0=5	7−6=1
5−5=0	7−1=6	9−6=3
9−8=1	4−4=0	8−2=6
8−4=4	6−5=1	9−2=7

2 문제를 잘 읽은 다음 식을 세우고 답을 구하세요.

풍선이 9개 있었습니다. 그중에서 7개를 터뜨렸다면 남은 풍선은 몇 개일까요?
식 9−7=2 답 2 개

예빈이네 농장에는 소가 8마리, 돼지가 7마리 있습니다. 소는 돼지보다 몇 마리 더 많을까요?
식 8−7=1 답 1 마리

교실에 학생 6명이 있었는데, 한 명이 집에 갔습니다. 교실에 남아 있는 학생은 몇 명일까요?
식 6−1=5 답 5 명

옷장에 모자가 5개, 목도리가 2개 있습니다. 목도리는 모자보다 몇 개 더 적을까요?
식 5−2=3 답 3 개

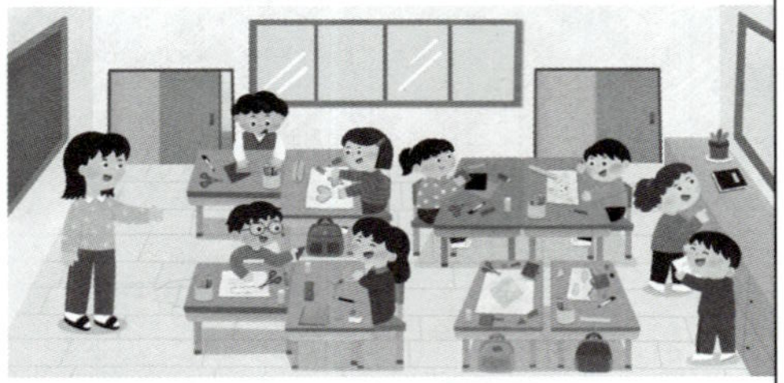

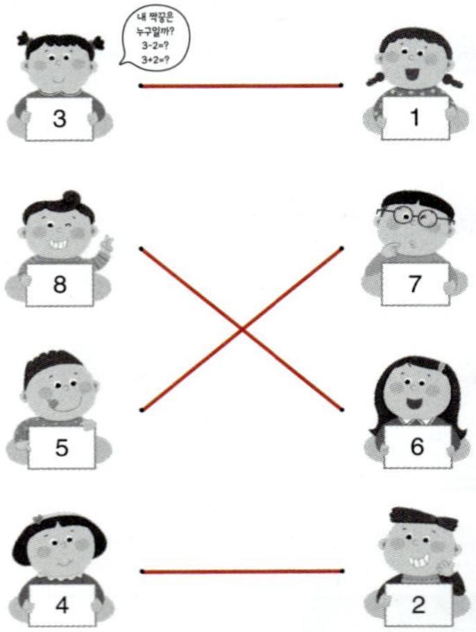

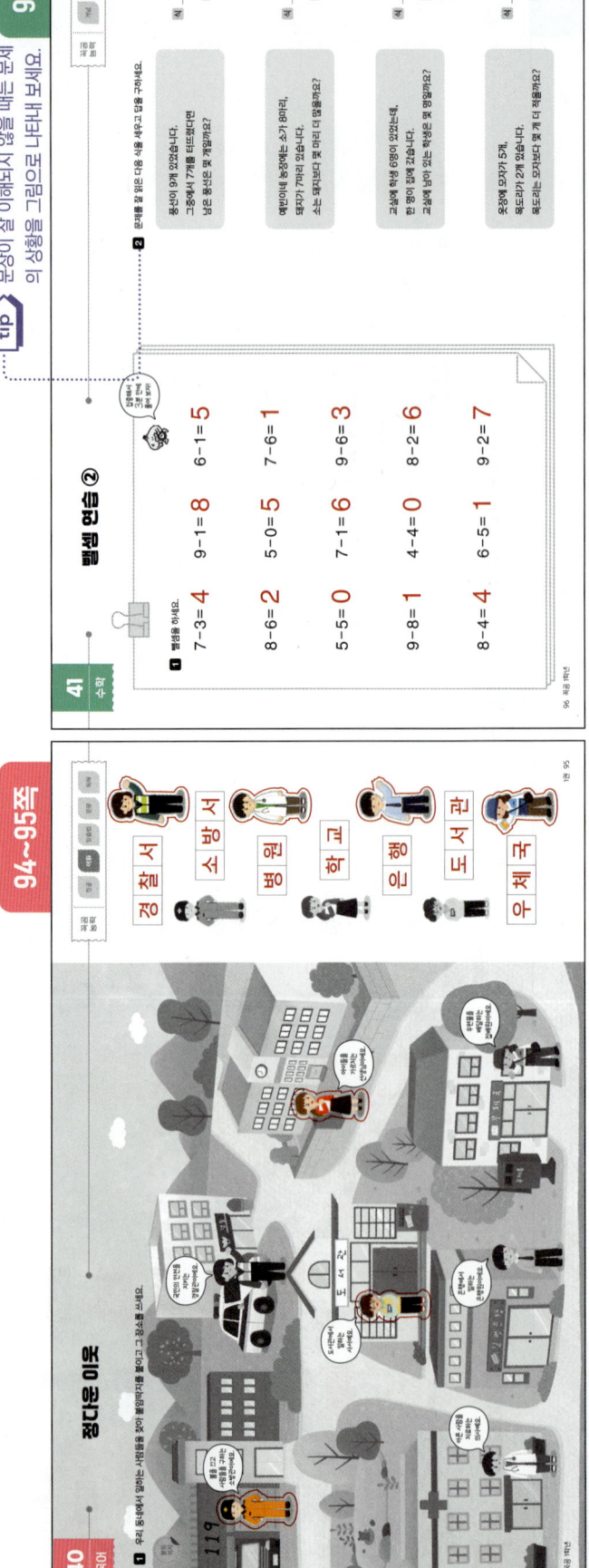

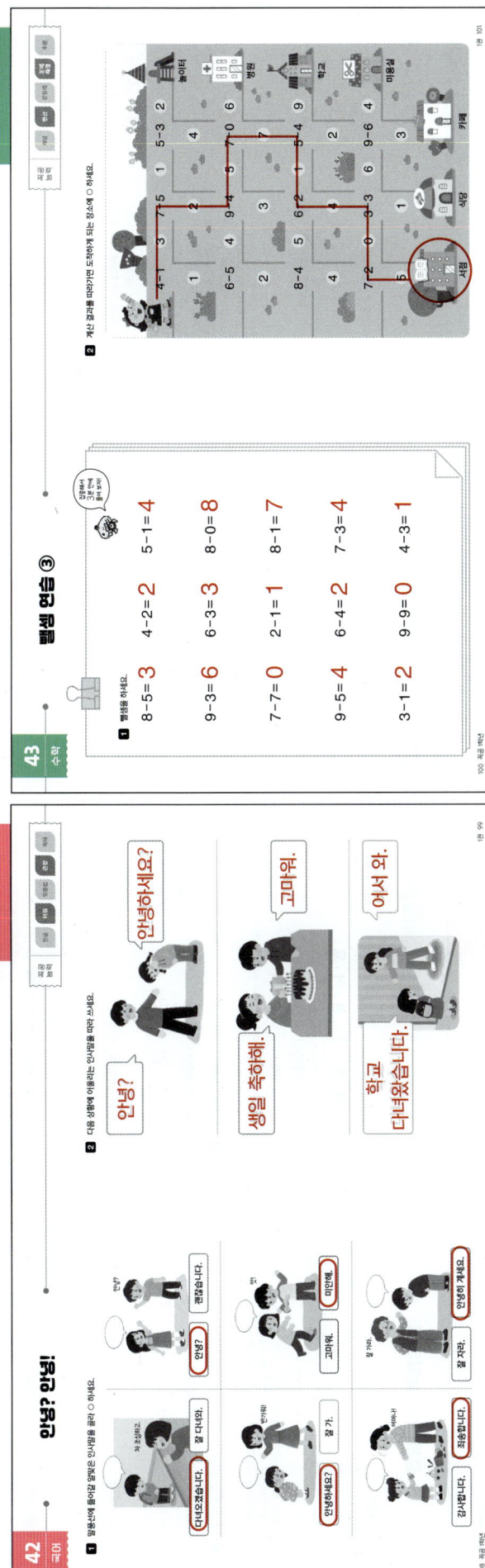
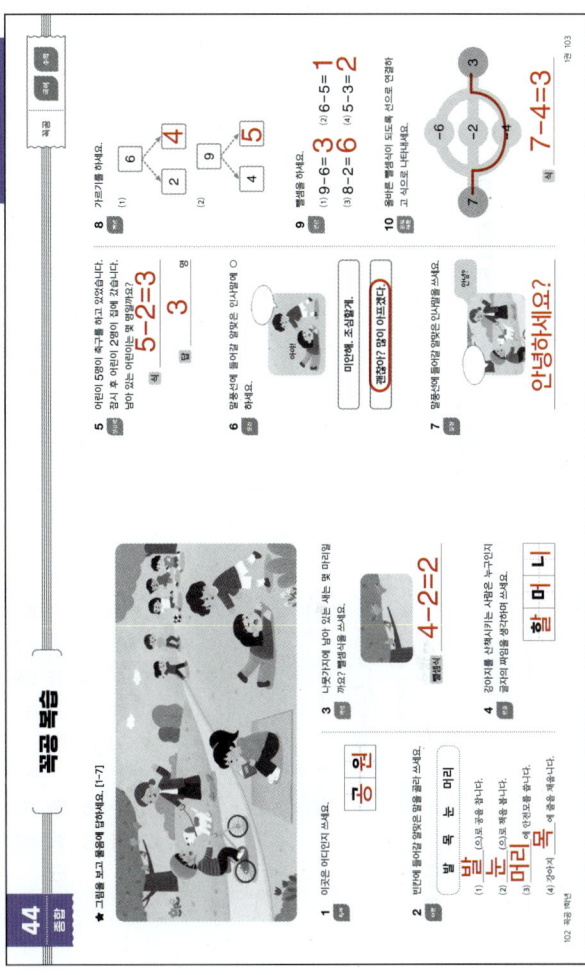

꼭끝 정답 45~55

45 국어
고깨오의 아침 인사

1
- 고깨오, 아침을 깨우는 소리
- 세상은 조금씩 소란하고요.
- 빽꼼, 빽꼼이 고개를 들면
- 세상은 조금씩 밝아져요.
- 모두 안녕!
- 아침 인사를 나누며 하루를 열어요.
- 즐거운 마음으로 하루를 시작해요.

46 수학
기호에 따라 달리자

1
- 4+3=7   5+1=6   3+2=5
- 4-3=1   5-1=4   3-2=1
- 6+3=9   7+1=8   5+3=8
- 6-3=3   7-1=6   5-3=2
- 4+2=6   3+3=6   2+0=2
- 4-2=2   3-3=0   2-0=2

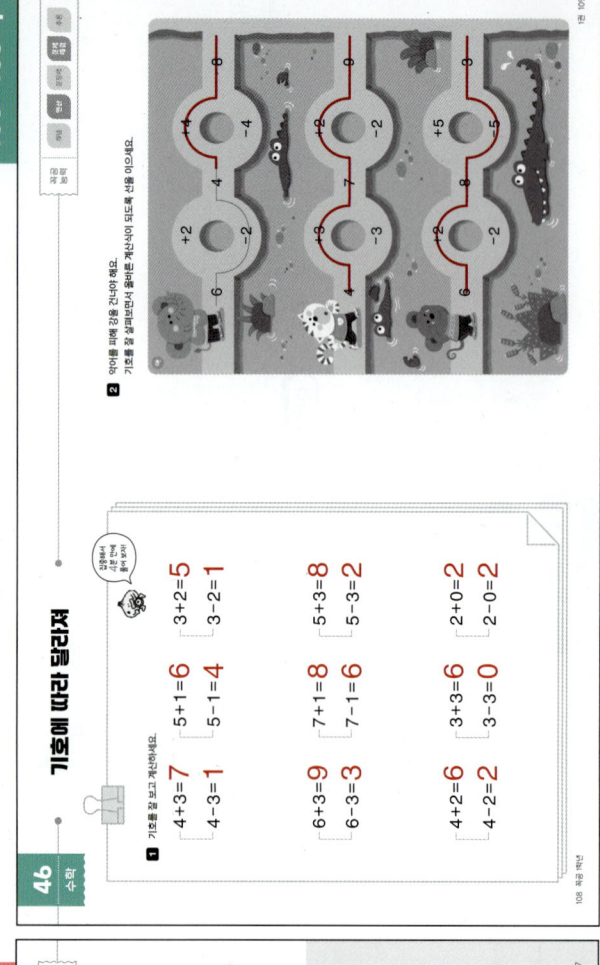

106~107쪽 국어

1 글을 읽고 알맞은 단어에 ○ 하세요.
- (고깨오)
- 은/는 아침을 깨우는 소리입니다.
- (빽꼼)
- 이/가 고개를 들었다는 것은 (밝다/어둡다)는 뜻입니다.
- 책임이 고개를 들면 (어두워요/밝아요).
- 하루를 어느 때 시작하는 것을 무엇인가요? (아침)
- 어떤 마음으로 하루를 시작하나요? (즐거운 마음)

2 글에 나오는 문장을 또박또박 따라서 써보세요.

해	님	이	고	개	를	들	면
세	상	은	모	두		밝	아
아	침	을	열	어	요	.	
즐	거	운		마	음	으	로
하	루	를		시	작	해	요 .

108~109쪽 수학

2 악어의 피해 강을 건너야 해요. 기호를 잘 살펴보면서 올바른 계산이 되도록 선을 이으세요.

47 국어
얼음[어름] 놀이[노리]

받침이 있는 글자 뒤에 'ㅇ'이 오는 낱말들입니다. 받침을 뒷말의 첫소리로 소리 내어 읽고, 쓸 때는 받침을 살려 쓰도록 지도해 주세요.

tip

얼음 → [어름]
바람 + 이 → [바라미]

1 다음 문장을 읽고 받침에 주의해서 쓰세요.
- 옷을 입어요[오슬 이버요].
- 웃으며 걸어요[우스며 거러요].
- 놀이터에서 놀아요[노리터에서 노라요].

국어[구거]	놀이[노리]	나들이[나드리]
어린이[어리니]	옷이[오시]	얼음[어름]
옷이[오시]	옷음[우슴]	벗어[버서]
음이[으미]	웃음[우슴]	옷이[오시]

48 수학
덧셈일까, 뺄셈일까?

기호를 확인하지 않고 계산을 풀면서 기호를 확인하고 계산하는 습관을 길러 주세요.

tip

1 기호를 잘 보고 계산하세요.
- 2+0=2   6-6=0   9-6=3
- 7-3=4   4-2=2   2+3=5
- 6+3=9   1+3=4   7-0=7
- 0+5=5   3-2=1   2+6=8
- 5-2=3   3+5=8   8-5=3

110~111쪽 국어

2 예를 읽고 그림에 알맞은 문장에 〇하세요.
- 웃을 입어요(옷을 입어요).
- 웃으며 걸어요(옷으며 걸어요).
- 놀이터에서 놀아요(노리터에서 노라요).

112~113쪽 수학

2 문제를 잘 읽고 덧셈을 이용해 답을 구하세요.

- 장미 3송이가 꽃병에 있는 꽃병에 튤립 4송이를 더 꽂았습니다. 꽃병의 꽃은 모두 몇 송이입니까?
  식: 3+4=7
  답: 7 송이

- 도로에 현재 자동차 6대가 있습니다. 길가에 자동차 4대가 더 있습니다. 도로에 있는 자동차는 길가 자동차보다 몇 대 더 많습니까?
  식: 6-4=2
  답: 2 대

- 창고에 축구공 8개가 있습니다. 찢어진 축구공 3개를 버렸습니다. 창고에 남은 축구공은 모두 몇 개입니까?
  식: 8-3=5
  답: 5 개

- 선생님께서 빨간색 풍선 5개와 파란색 풍선 4개를 불었습니다. 선생님이 부신 풍선은 모두 몇 개일까요?
  식: 5+4=9
  답: 9 개

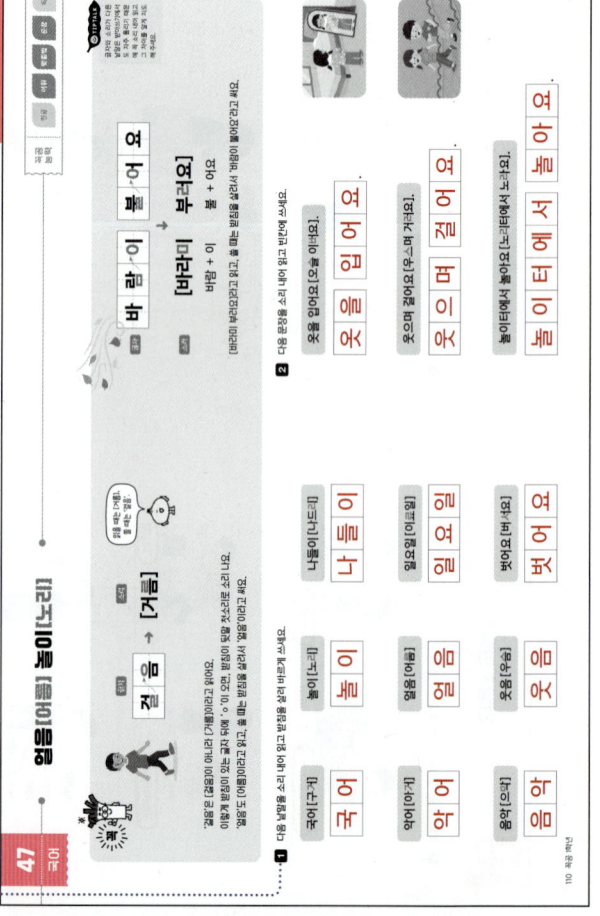

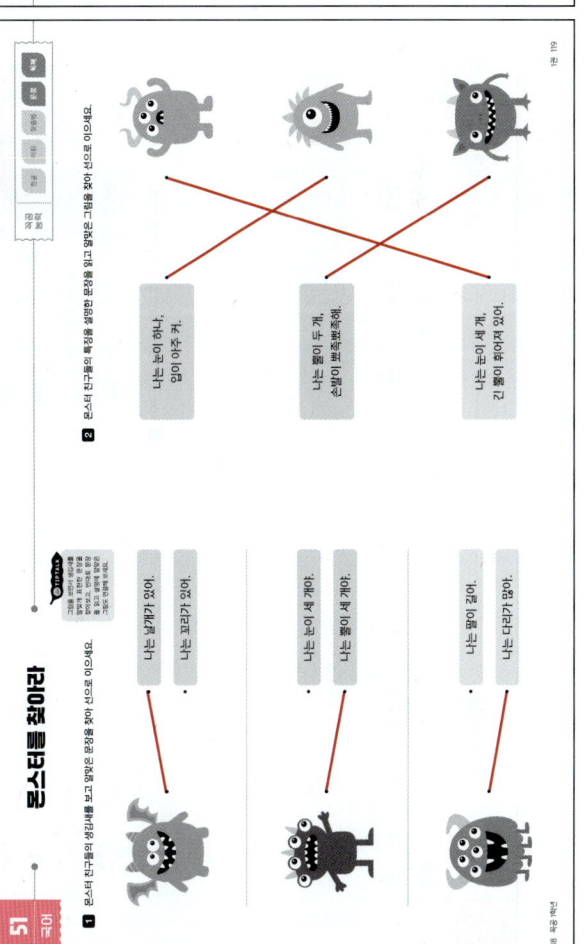

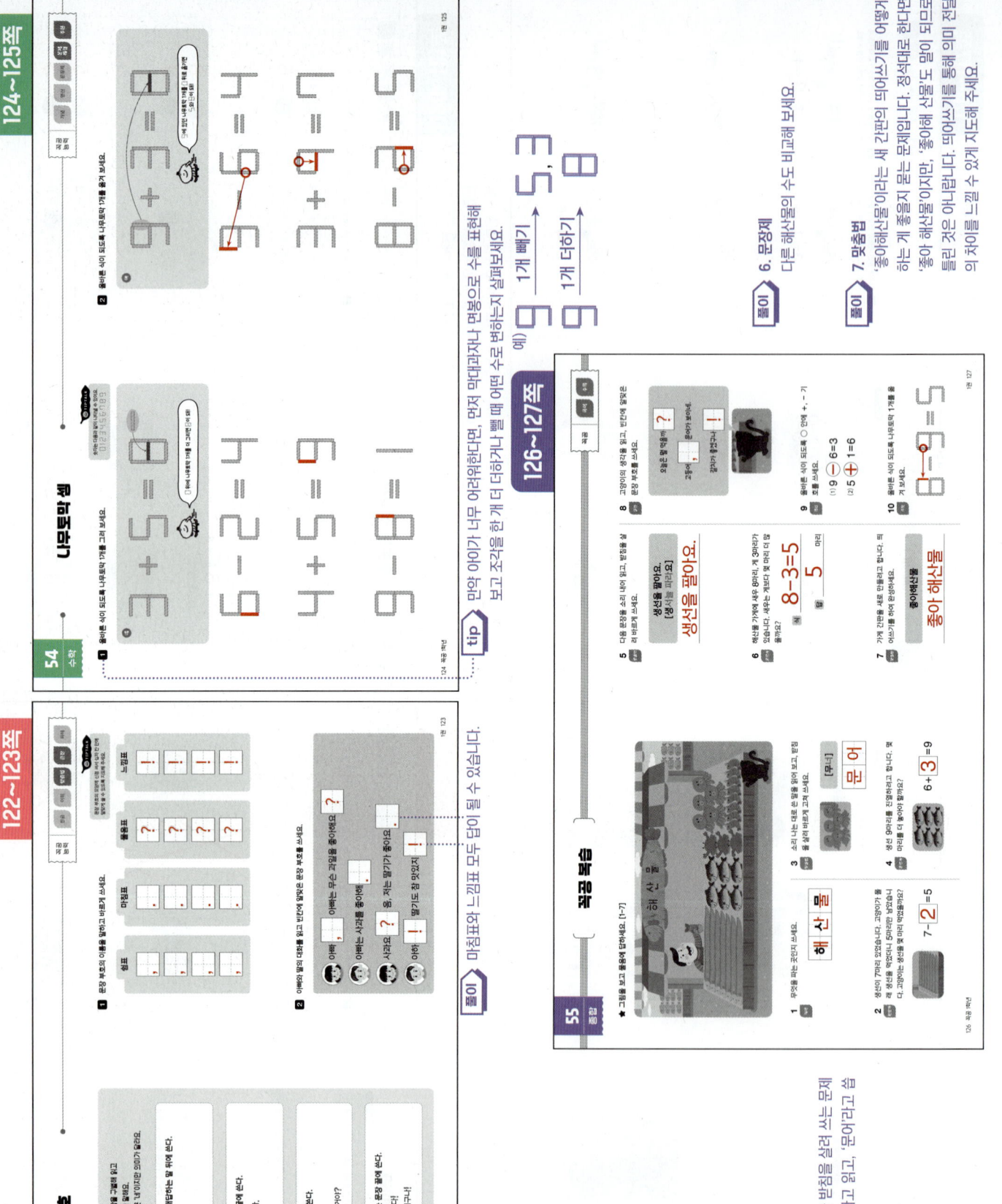

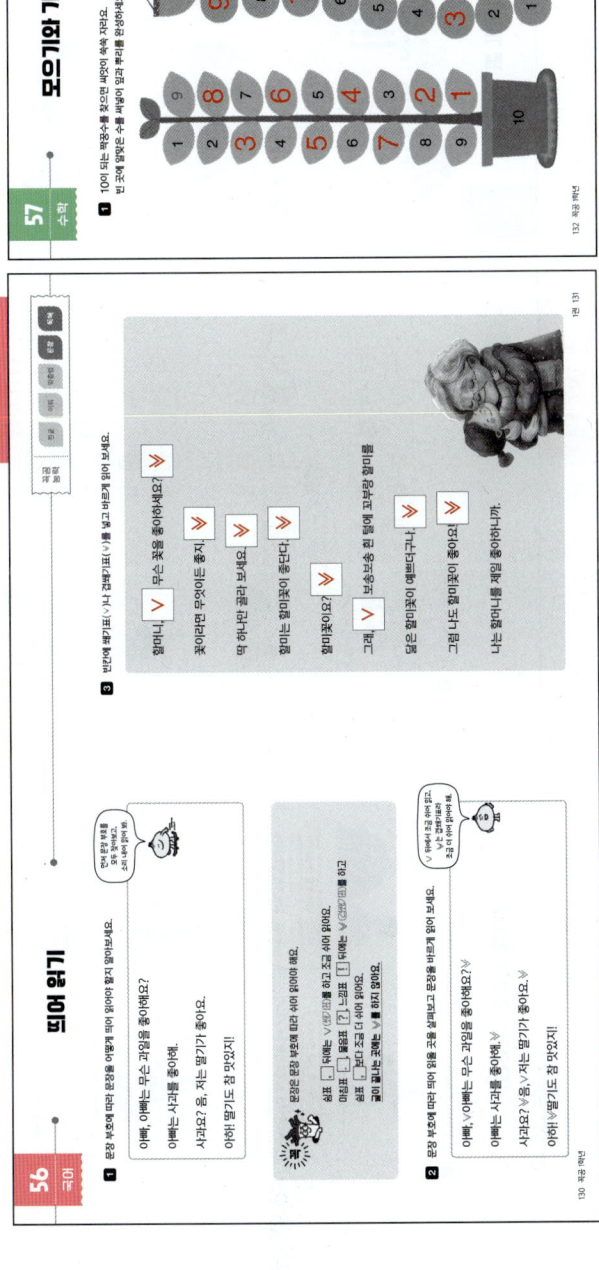
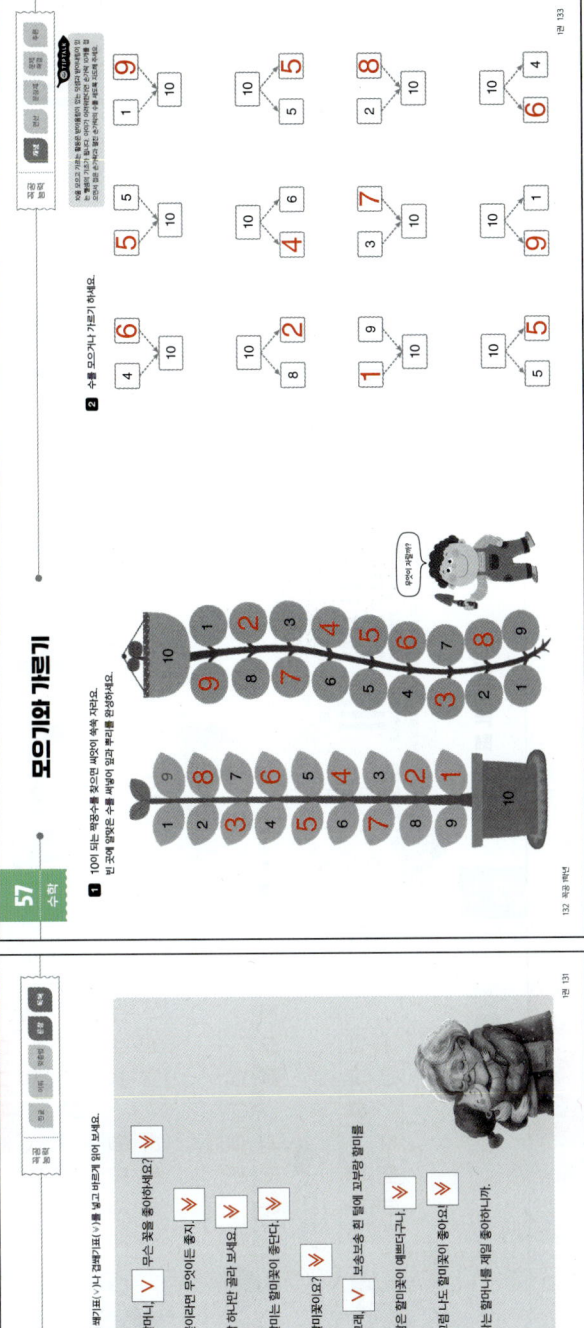
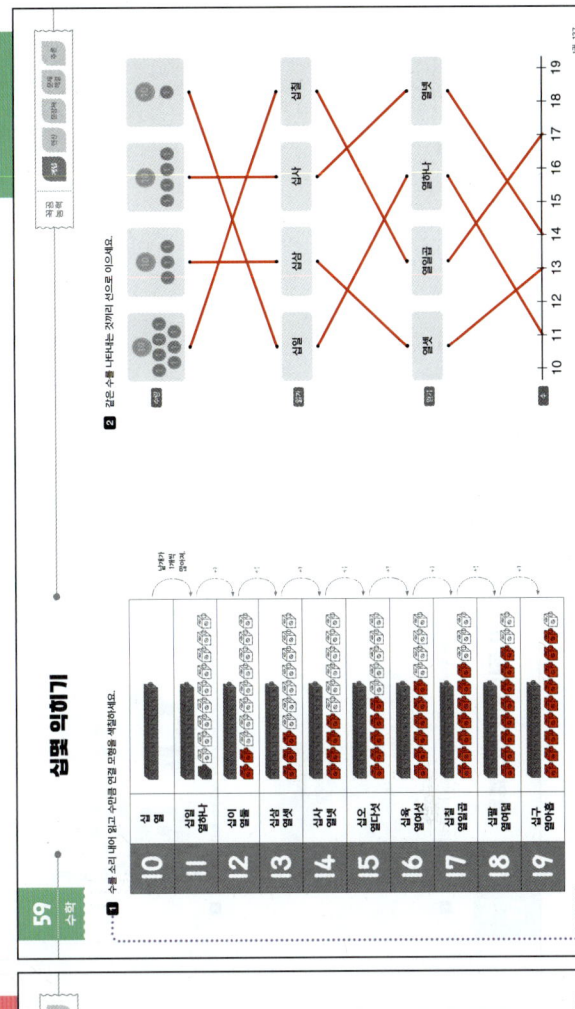

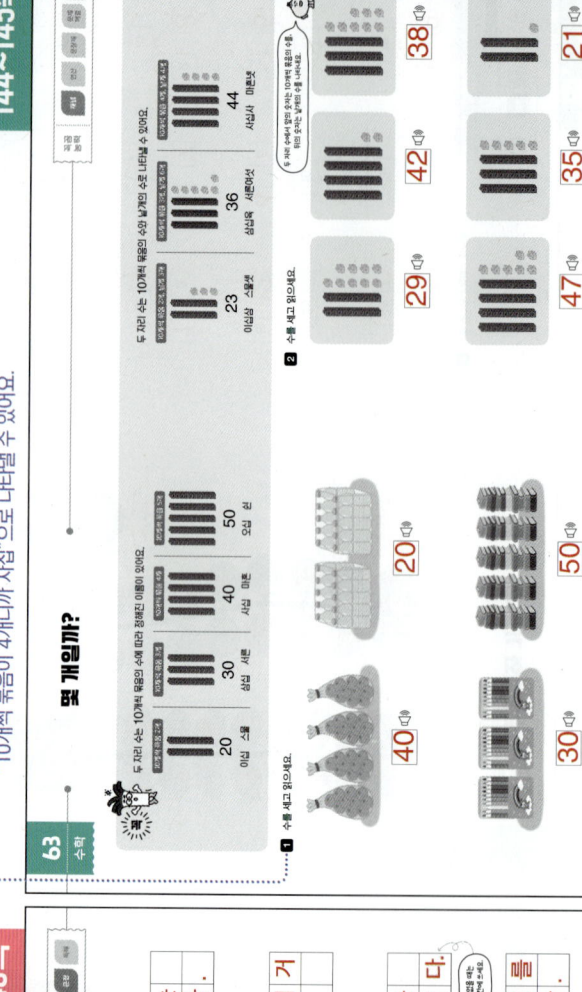

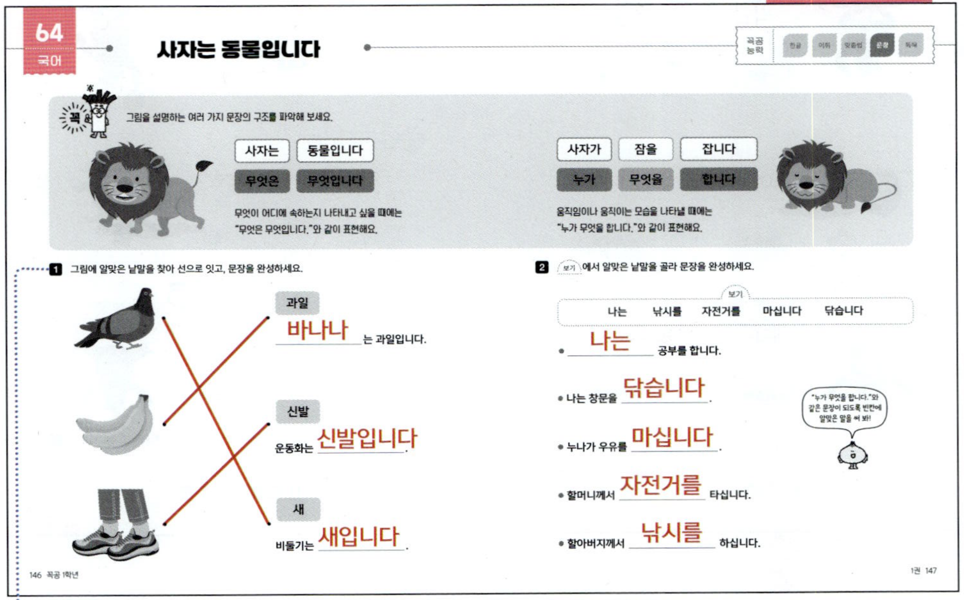

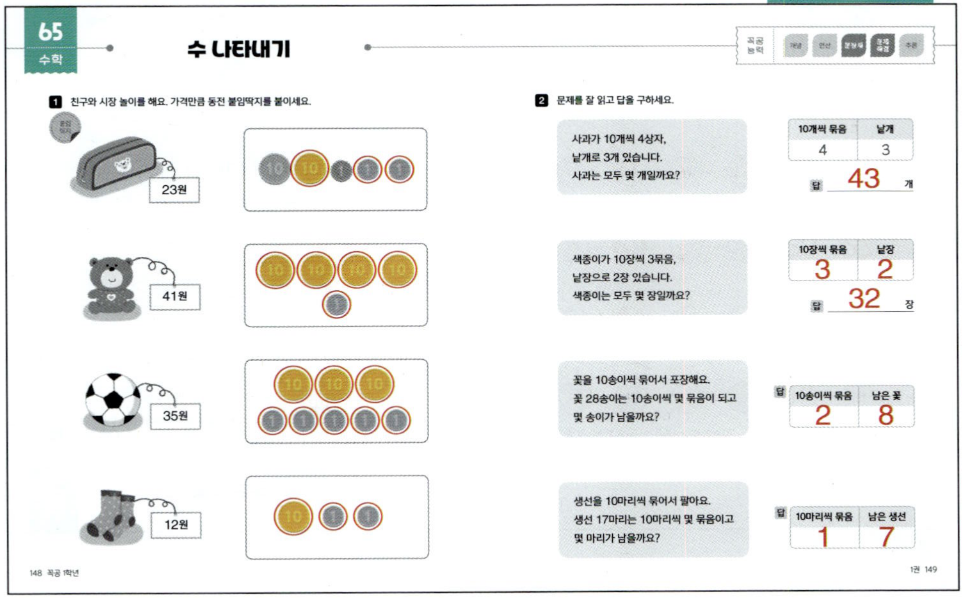

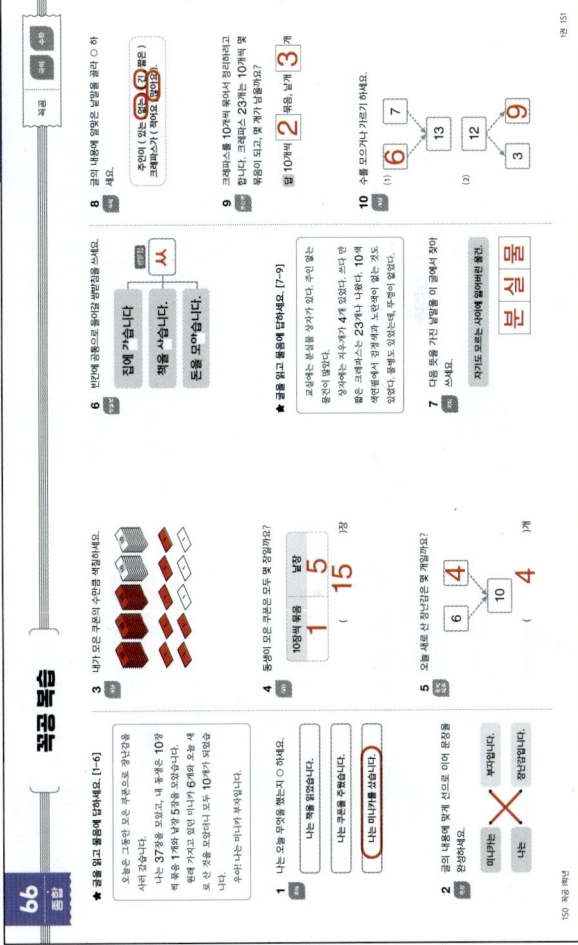

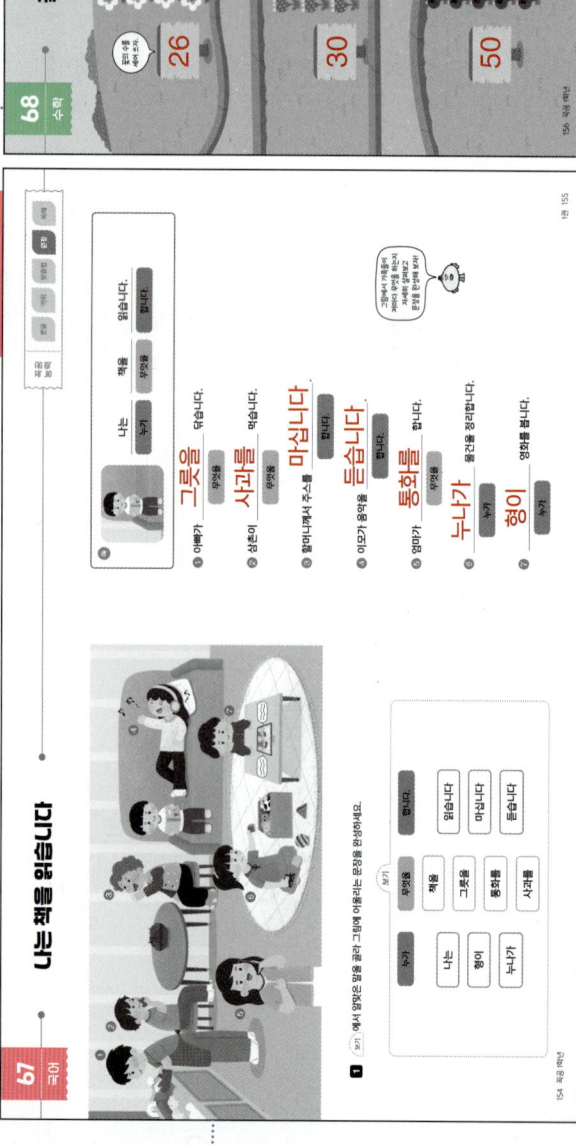
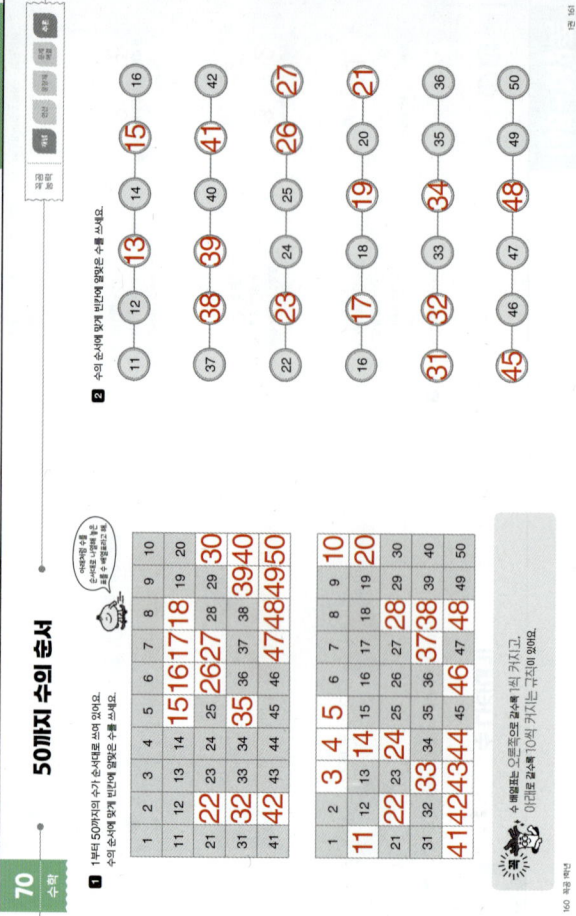

162~163쪽

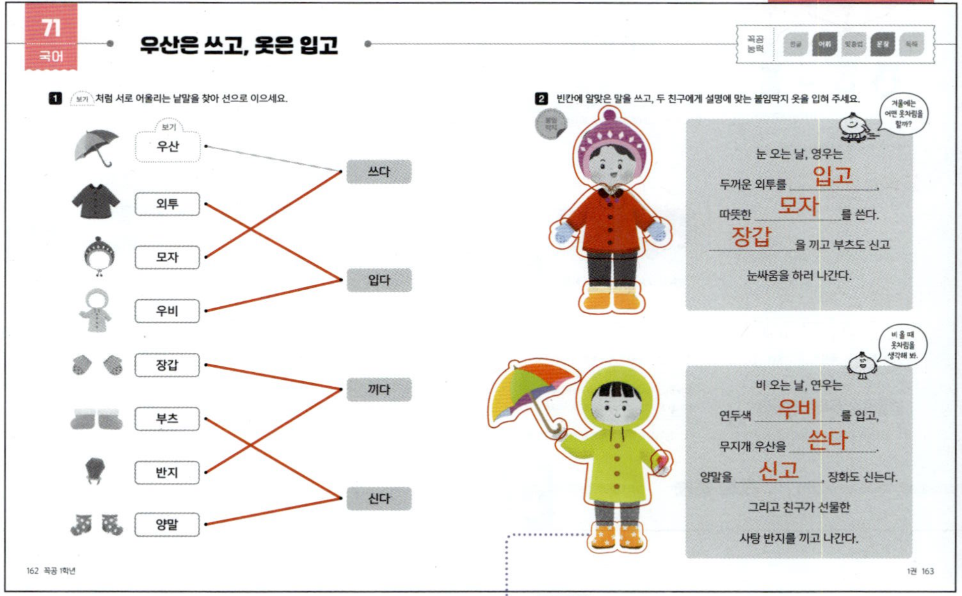
71 국어

우산은 쓰고, 옷은 입고

1 보기 처럼 서로 어울리는 낱말을 찾아 선으로 이으세요.

보기 우산 — 쓰다

외투, 모자, 우비, 장갑, 부츠, 반지, 양말 / 쓰다, 입다, 끼다, 신다

2 빈칸에 알맞은 말을 쓰고, 두 친구에게 설명에 맞는 붙임딱지 옷을 입혀 주세요.

눈 오는 날, 영우는
두꺼운 외투를 입고,
따뜻한 모자를 쓴다.
장갑을 끼고 부츠도 신고
눈싸움을 하러 나간다.

비 오는 날, 연우는
연두색 우비를 입고,
무지개 우산을 쓴다.
양말을 신고, 장화도 신는다.
그리고 친구가 선물한
사탕 반지를 끼고 나간다.

162 꼭공 1학년 / 1권 163

tip 양말 붙임딱지나 장화 붙임딱지를 이중으로 붙여도 됩니다.

164~165쪽

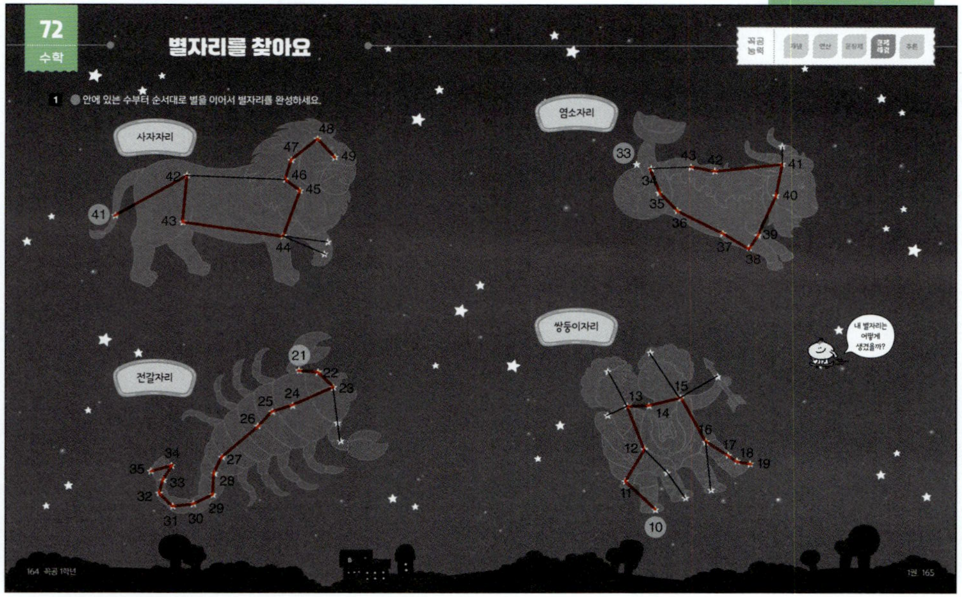
72 수학

별자리를 찾아요

1 ● 안에 있는 수부터 순서대로 별을 이어서 별자리를 완성하세요.

사자자리, 염소자리, 전갈자리, 쌍둥이자리

164 꼭공 1학년 / 1권 165

166~167쪽

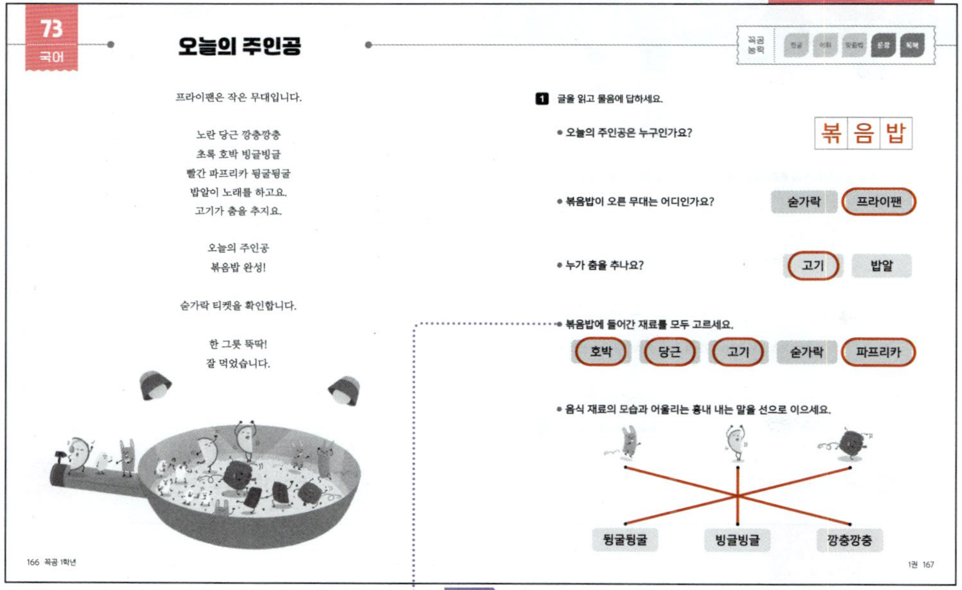
73 국어

오늘의 주인공

프라이팬은 작은 무대입니다.

노란 당근 깡충깡충
초록 호박 빙글빙글
빨간 파프리카 뒹굴뒹굴
밥알이 노래를 하고요.
고기가 춤을 추지요.

오늘의 주인공
볶음밥 완성!

숟가락 티켓을 확인합니다.

한 그릇 뚝딱!
잘 먹었습니다.

1 글을 읽고 물음에 답하세요.

- 오늘의 주인공은 누구인가요? 볶음밥
- 볶음밥이 오른 무대는 어디인가요? 숟가락 / (프라이팬)
- 누가 춤을 추나요? (고기) / 밥알
- 볶음밥에 들어간 재료를 모두 고르세요. (호박) (당근) (고기) 숟가락 (파프리카)
- 음식 재료의 모습과 어울리는 흉내 내는 말을 선으로 이으세요. 뒹굴뒹굴, 빙글빙글, 깡충깡충

166 꼭공 1학년 / 1권 167

tip 노란 당근, 초록 호박, 빨간 파프리카 그림입니다. 글에서 각각의 음식을 나타낸 흉내 내는 말을 찾아보세요.

168~169쪽

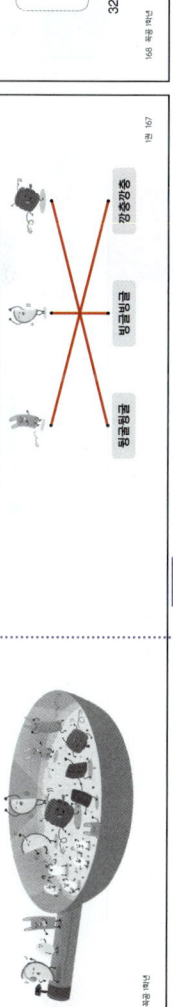

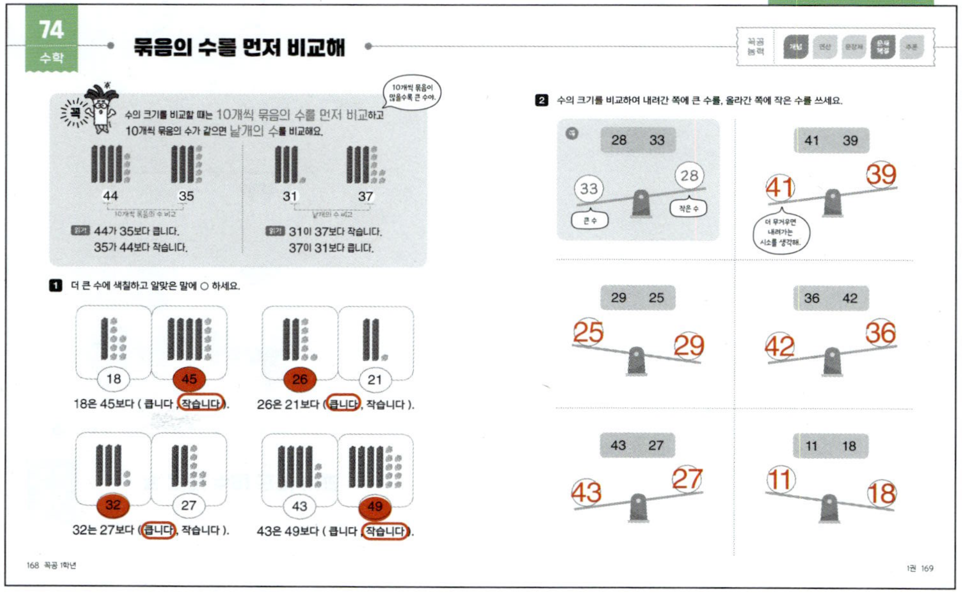
74 수학

묶음의 수를 먼저 비교해

수의 크기를 비교할 때는 10개씩 묶음의 수를 먼저 비교하고 10개씩 묶음의 수가 같으면 낱개의 수를 비교해요.

44 35 — 44가 35보다 큽니다. 35가 44보다 작습니다.
31 37 — 31이 37보다 작습니다. 37이 31보다 큽니다.

1 더 큰 수에 색칠하고 알맞은 말에 ○ 하세요.

18은 45보다 (큽니다 , (작습니다)).
26은 21보다 ((큽니다) , 작습니다).
32는 27보다 ((큽니다) , 작습니다).
43은 49보다 (큽니다 , (작습니다)).

2 수의 크기를 비교하여 내려간 쪽에 큰 수를, 올라간 쪽에 작은 수를 쓰세요.

28 33 → 33, 28
41 39 → 41, 39
29 25 → 25, 29
36 42 → 42, 36
43 27 → 43, 27
11 18 → 11, 18

168 꼭공 1학년 / 1권 169

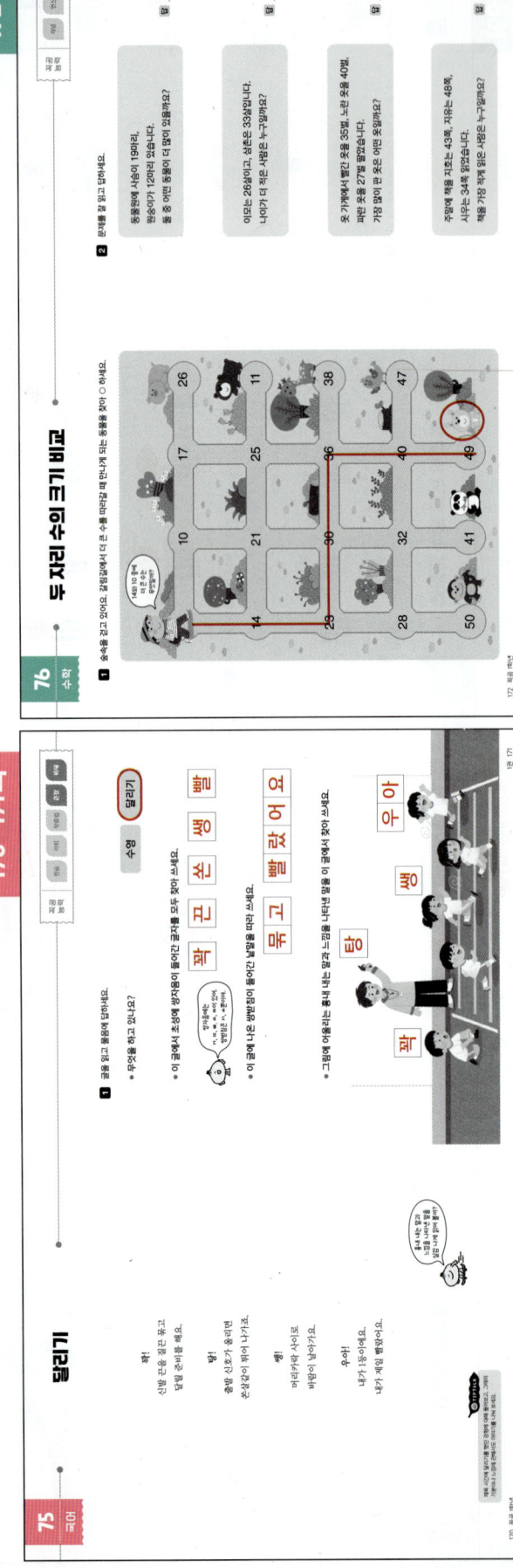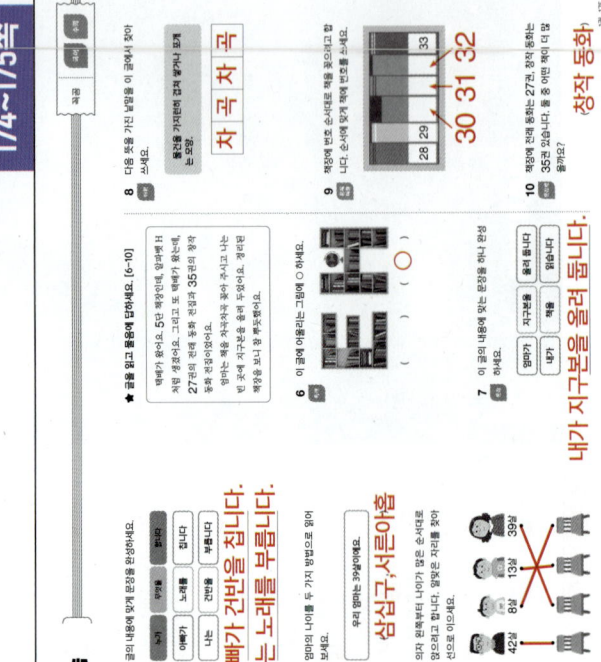

"오늘도 한 뼘 자랐습니다"

도서관
EVAN
8

기적의 학습서, 제대로 경험하고 싶다면?
학습단에 참여하세요!

꾸준한 학습!
풀다 만 문제집만 수두룩? 기적의 학습서는 스케줄 관리를 통해 꾸준한 학습을 가능케 합니다.

푸짐한 선물!
학습단에 참여하여 꾸준히 공부만 해도 상품권, 기프티콘 등 칭찬 선물이 쏟아집니다.

알찬 학습 팁!
엄마표 학습의 고수가 알려주는 학습 팁과 노하우로 나날이 발전된 홈스쿨링이 가능합니다.

길벗스쿨 공식 카페 〈기적의 공부방〉에서 확인하세요.
http://cafe.naver.com/gilbutschool